ARCHIVES HISTORIQUES

DE LA GASCOGNE

FASCICULE TROISIÈME

VOYAGE A JÉRUSALEM

DE PHILIPPE DE VOISINS, SEIGNEUR DE MONTAUT

PAR PH. TAMIZEY DE LARROQUE

VOYAGE A JÉRUSALEM

DE

PHILIPPE DE VOISINS

SEIGNEUR DE MONTAUT

PUBLIÉ POUR LA SOCIÉTÉ HISTORIQUE DE GASCOGNE

PAR

PH. TAMIZEY DE LARROQUE

CORRESPONDANT DE L'INSTITUT

PARIS
HONORÉ CHAMPION
ÉDITEUR
16, quai Malaquais, 15

AUCH
COCHARAUX FRÈRES
IMPRIMEURS
11, rue de Lorraine, 11

M DCCC LXXXIII

PRÉFACE

Je ne ferai pas ici l'histoire de la maison de Voisins, une des plus anciennes et des plus illustres de la Gascogne et du Languedoc. Renvoyant à tous nos grands recueils généalogiques les lecteurs désireux de connaître la glorieuse série des descendants de Pierre I de Voisins, qui, après avoir été un des plus vaillants capitaines de l'armée de Simon de Montfort [1], fut sénéchal de Toulouse sous Alphonse de Poitiers, je m'occuperai seulement de notre voyageur, Philippe de Voisins, seigneur de Confolens [2] et de Montaut [3]. C'était le quatrième fils de Guil-

---

(1) Voir ce que raconte de ses prouesses au siège de Toulouse Pierre de Vaux-Cernay (à l'année 1217). Voir aussi la *Chanson de la Croisade contre les Albigeois* (édition de M. Paul Meyer, aux vers 7005, 7212, 7250, 8000). Ne pas négliger la note du savant éditeur (t. II, p. 355). On peut encore consulter sur les Voisins les *Pièces fugitives pour servir à l'histoire de France* du marquis d'Aubais, l'*Histoire générale du Languedoc* de dom Vaissete, l'*Histoire de la Gascogne* de l'abbé Monlezun.

(2) Aujourd'hui Couffoulens (Aude). Terre située dans le diocèse de Carcassonne, qui avait été donnée, avec la terre d'Ambres et diverses autres terres, par Simon de Montfort à son fidèle et dévoué compagnon Pierre de Voisins.

(3) Montaut, ou, d'après l'orthographe pédantesque du xvᵉ et du xviᵉ siècle, Montault, est une commune du département du Gers, arrondissement et canton

1

laume de Voisins, seigneur de Confolens et de Montaut (¹), et d'Aude de Faudoas, fille de Béraud III, baron de Faudoas et de Barbazan, chambellan du Roi, sénéchal d'Agenais et d'Armagnac, lequel avait épousé Jacquette de Pardaillan. Philippe fit hommage au Roi, le 9 novembre 1481, de la baronnie de Confolens. Il reçut lui-même, en 1491, comme seigneur de Montaut, l'hommage de Bertrand de Prouillan (²). Il épousa Esclarmonde d'Armagnac, dame de Nougaroulet (³), et il en eut deux enfants : une fille, Jeanne, qui devint la femme de Pierre, seigneur de Roquemaurel (en Auvergne), et un fils, Guillaume, qui fut marié deux fois, d'abord avec Françoise de Montaut, ensuite avec Jacquette de Caumont. Philippe était mort avant 1501, car à cette date on trouve un hommage rendu par Guillaume de Voisins, son fils, au roi de France, pour la baronnie de Montaut (⁴). Tels sont les renseignements qui m'ont été fournis sur le pèlerin par les deux érudits que j'ai cru pouvoir le plus utilement consulter, M. l'abbé de Carsalade Du Pont, et M. Clément Simon, ancien procureur général à la Cour d'Aix, dont le beau-

d'Auch, à 13 kilomètres de cette ville. Ai-je besoin de rappeler que le baron de Montaut, en sa qualité de premier baron d'Armagnac et de Fezensac, assistait les archevêques d'Auch lors de leur première entrée dans la capitale de la Gascogne? Voir une intéressante étude de M. le comte Odet de La Hitte intitulée : *Le procès de Mgr d'Apchon, archevêque d'Auch, au sujet de son entrée solennelle, avec le baron de Montaut* (Auch, 1882, grand in-8°. Extrait de la *Revue de Gascogne*).

(1) On conserve dans les archives du château de Montaut un hommage rendu, le 31 août 1451, par ce Guillaume de Voisins au comte Jean d'Armagnac pour Montaut, Preignan, Mons, Tourrenquets, Labatut, Belloc, Arné, etc.

(2) Archives du château de Montaut.

(3) Aujourd'hui commune de l'arrondissement et du canton d'Auch, à 14 kilomètres de cette ville.

(4) Archives du château de Montaut.

frère, M. le baron de Rouilhan, possède le château et les archives de Montaut.

Quand Philippe de Voisins quitta ce château, le 16 avril 1490 (¹), pour aller pieusement visiter les lointaines régions où un de ses aïeux, Pierre II de Voisins, avait laissé l'éclatant souvenir de sa foi et de son courage (²), il devait avoir un peu plus de quarante ans, un peu moins de cinquante, étant le quatrième enfant issu d'un mariage qui s'était accompli en 1440. Puisqu'il ne vivait déjà plus tout au commencement du xvie siècle, on voit qu'il mourut dans toute la force de l'âge, sa fin ayant peut-être été hâtée par les écrasantes fatigues d'un voyage si long et si pénible.

Nous ne savons pas tout sur Philippe de Voisins ; nous en savons bien moins encore sur l'auteur de la relation que l'on va lire. Cet auteur s'intitule, à la fin de son manuscrit, « noble Jean de Belesta, écuyer, seigneur de la Binele », et il ajoute qu'il était, pendant le voyage, au service du seigneur de Montaut. Après cela, nous nageons en plein inconnu. Qui nous dira le lieu et la date de la naissance du narrateur? le lieu et la date de son décès? Très probablement il faudra se résigner à ne jamais posséder de renseignements précis sur le compagnon de voyage et le secrétaire de Philippe de Voisins.

---

(1) En 1490, la fête de Pâques avait été célébrée le 11 avril.

(2) Pierre II figure dans la salle des Croisades du musée de Versailles. Sa devise, bien digne d'un Croisé, est : *Pro fide*. Voici ses armes : *de gueules à quatre fusées d'argent rangées en fasce qui ont pour support deux Sarrazins porteurs d'un arc*. Notons que l'abbé de Vertot, dans son *Histoire des Chevaliers de Saint-Jean de Jérusalem*, etc., indique d'une façon quelque peu différente les armes des Voisins : *de gueules à trois losanges d'or rangées en fasce*, etc.

La relation écrite par ce mystérieux personnage
est généralement un peu aride. On y trouve pourtant
quelques passages d'une pittoresque naïveté, d'une
agréable saveur : je les comparerais volontiers à de
fraîches et de verdoyantes oasis au milieu de sablon-
neux déserts. On remarquera, entre toutes les des-
criptions de Jean de Belesta, l'ample et vive description de Venise, ville qui est vraiment l'héroïne de la
relation. On regrette d'avoir à dire que l'auguste
beauté des lieux saints l'a beaucoup moins heureusement inspiré. Çà et là brillent des éclairs d'une verve
toute gasconne (car, à mes yeux, l'écrivain est incon-
testablement un des nôtres), et cette verve anime
surtout les imprécations du voyageur contre la rapa-
cité des Italiens, pire encore, selon lui, que celle des
Arabes. Somme toute, la relation de Jean de Belesta,
si elle n'est pas d'un intérêt excessif, mérite à divers
égards l'attention des curieux.

Ce qui donne à ce document une valeur particu-
lière, c'est la très grande rareté, dans la littérature
de la Gascogne, de récits de voyages en Orient au
xvᵉ siècle. Notre région a pourtant l'honneur d'avoir
inauguré ce genre de travaux, dès le ivᵉ siècle, par le
célèbre *Itinéraire de Bordeaux à Jérusalem*, et d'avoir
produit encore, à une époque bien ingrate pour les
pèlerinages, à la veille de la Révolution française,
une intéressante relation due à un chanoine de Comminges, l'abbé de Binos (¹). Mais pour le xvᵉ siècle,
nous ne possédons jusqu'à ce jour, ce me semble, que le

_____

(1) *Voyage par l'Italie en Egypte, au Mont-Liban et en Palestine ou Terre-
Sainte, dédié à Madame Elisabeth de France*. Paris, Boudet, 1787. 2 vol. in-12
de viij-304 et 367 p. avec figures.

Voyaige d'Oultremer en Jhérusalem par le seigneur de Caumont, l'an 1418, publié pour la première fois, d'après le manuscrit du Musée Britannique, par le marquis de La Grange, membre de l'Institut ([1]). Désormais le commencement et la fin du xv⁰ siècle seront représentés dans les relations des pèlerinages gascons, et peut-être découvrira-t-on, parmi les vieux papiers des châteaux du Sud-Ouest, d'autres manuscrits, soit du milieu du xv⁰ siècle, soit du siècle précédent, lequel siècle a produit un ouvrage si attachant : *Le saint voyage de Jherusalem du seigneur d'Anglure, publié pour la première fois en* 1621, pour la seconde fois en 1858, enfin pour la troisième fois en 1878 ([2]). Espérons aussi que la *Société de l'Orient latin,* qui a le bonheur d'avoir à sa tête un savant d'un mérite exceptionnel, M. le comte Riant (de l'Institut), retrouvera, de son côté, quelques relations gasconnes du moyen âge, qui, réunies à nos relations modernes, formeront une série complète et comme un de ces chapelets, à la fois si simples et si précieux,

---

(1) (Paris, Auguste Aubry, 1858, in-8° de 193 pages). Nompar de Caumont partit de son château de Caumont (Lot-et-Garonne, arrondissement de Marmande, canton du Mas-d'Agenais) : sa première étape fut le Port-Sainte-Marie, et sa seconde étape, Agen. Puisque nous sommes en Agenais, je mentionnerai une récente et intéressante brochure intitulée : *Mon pèlerinage de pénitence à Jérusalem. Lettres à un ami,* par M. l'abbé Destrac, missionnaire apostolique, curé d' .squets, diocèse d'Agen (Nérac, 1882, in-8° de 4-39 pages). Au moment où ces pages sont livrées à l'imprimeur, j'apprends l'apparition d'une relation plus étendue, imprimée à Auch, chez G. Foix, sous ce titre : *Jérusalem et la Terre Sainte, histoire du premier pèlerinage de pénitence de France aux Saints Lieux,* par M. l'abbé J. Lian, curé-doyen d'Aignan (Gers), in-8° de 215 pages.

(2) Par MM. François Bonnardot et Auguste Longnon, pour la Société des anciens textes français (Paris, Firmin Didot, 1 vol. grand in-8° de LXXVIII-178 pages). Cette édition, considérée soit quant au texte, soit quant aux éclaircissements, est une édition définitive. J'y ai eu bien souvent recours, je le proclame avec reconnaissance, et je voudrais que ma petite publication fut moins indigne de celle qui m'a servi de guide et de modèle.

que les pèlerins rapportent du *jardin des Oliviers* (¹).

On ne connaît qu'un seul manuscrit de la relation du voyage de Philippe de Voisins : ce manuscrit appartient à la Bibliothèque municipale d'Auch, où il est conservé dans un recueil inscrit sous le n° 24 du Catalogue, et dont il occupe les vingt-huit premiers feuillets (²). Ce recueil mérite toute confiance, car il a été constitué par un de ces respectables notaires d'autrefois dont la loyauté était proverbiale. Ce fut, comme nous l'apprend l'avertissement contenu dans le titre de la *Table* des mélanges (f° 1), « M° Jehan « Asclafer, notaire royal de la ville et citté d'Aux », qui recueillit « actes, mémoires et instructions... en « ce libre... pour luy servir et au public comme de « raison ». L'origine d'un tel recueil est une garantie de l'authenticité des documents dont il est formé. La plume de M° Asclafer n'aurait jamais transcrit une pièce suspecte. Tout ce que l'on peut reprocher à l'honorable notaire du xviie siècle, c'est que sa copie n'est pas partout d'une pureté parfaite. Il a mal lu certains mots ; il n'a pas lu du tout certains autres mots. Pardonnons-lui les infidélités et les vides de

(1) Nos bibliothèques renferment bon nombre de relations encore inédites. J'en citerai une des premières années du xviie siècle, que j'ai eu le plaisir de lire dans la riche Bibliothèque d'Inguimbert, à Carpentras, dans le registre VIII de la collection des manuscrits de Peiresc : *Voyage du sieur Raimondin en Jérusalem* (f°ˢ 309-330). Voici le titre plus détaillé donné par l'auteur à sa relation : *Mémoires par moy Aymar Raymondin du voyage que j'ay faict en Jerusalem en compagnie de Mᵐ Reverends Peres Anthoine Le Clerc, de l'ordre des Prescheurs de la ville d'Arles, et Jacques Martin, de l'ordre de Saint-François, de la ville de Carpentras, au Comtat.*

(2) Voir, dans la *Revue de Gascogne* (t. XI, 1870, p. 147, t. XII, 1871, p. 288), deux notes sur le manuscrit unique et inédit de la Bibliothèque d'Auch. Le recueil a été donné à cette bibliothèque, en 1821, par M. Béguillet, directeur des contributions directes de la Haute-Garonne, membre de l'Académie des sciences, inscriptions et belles-lettres de Toulouse, etc.

sa copie en faveur de tout ce qu'il a bien reproduit d'un original qui, en tels et tels endroits, où le transcripteur tantôt a bronché et tantôt s'est arrêté net, était sans doute peu lisible ou même altéré. J'ai cherché à corriger le mieux possible les fautes de maître Asclafer, grandement aidé, du reste, en cette tâche réparatrice, par deux obligeants autant que savants paléographes, qui ont bien voulu revoir texte et notes, M. Léonce Couture et M. l'archiviste Parfouru, auxquels j'offre ici, comme à mes autres excellents auxiliaires déjà nommés, MM. de Carsalade du Pont et Clément Simon, mes plus chaleureux remercîments.

VOYAGE A JÉRUSALEM

DE

PHILIPPE DE VOISINS

SEIGNEUR DE MONTAUT

Au nom de la tresainte Trinité, Pere, Filz et Saint-Esprit, et de la benoite Vierge Marie, et de toute la court celestielle de paradis. S'ensuit le voiage et pellerinage faict par mesire Philipes de Voisins, chevalier, seigneur de Montault et de Consollens (1), au saint passaige en Jherusalem pour veoir les saintz lieux de l'amere et humaine passion de Nostre Seigneur Jhesuchrist et le St Suplice (2).

Premierement partit ledict sieur et comencea son saint voiaige de sa maison de Montault, le setziesme jour d'avril l'an mil quatre cens quatre vingtz dix; dressa sa premiere voie vers la citté de Roudès (3); passa a Chateauneuf près Sauveterre en Rouergue (4), ou estoict la maison du sieur de Thoulet, mary de sa premiere sœur (5), lequel sieur de Thoulet [l'accompagna] jusques a la citté de Lyon, distant cinquante quatre lieues, ou arri-

---

(1) *Sic* pour *Confolens*.

(2) *Sic*, mais c'est encore très probablement une erreur du copiste pour le *Saint-Sépulcre*. Cependant on retrouvera plus bas l'expression « saint supplice ».

(3) Rodez, chef-lieu du département de l'Aveyron.

(4) Sauveterre, chef-lieu de canton de l'arrondissement de Rodez, à 34 kilomètres de cette ville.

(5) Cette *première sœur* de Philippe de Voisins n'est mentionnée par aucun des historiens de la maison de Voisins. Les généalogistes n'ont connu qu'une seule fille de Guillaume de Voisins, Madeleine, femme de Gilles de Lomagne, baron de Montagnac.

varent le 22ᵉ jour dudict mois; y demura environ deux jours, a cause que la foire y estoict, ou avoict plusieurs merchans estrangiers; ou il print provision de lettres de change et autres choses a luy necessaires.

Et après partit de ladicte citté de Lyon acompaigné dudict sieur de Thoulet jusques hors ce royaulme, ou ayant prins congé, ledict sieur de Montault demura seul avec ses serviturs et ung gentilome nomé Jehan Danere, qui fist ledict voiaige avec luy (1).

Prindrent leur chemin vers Saint Laurenx en Daulphiné, a la Tour du Pin (2), au Pont de Beauvoisin, qui est la moitié au Daulphiné et l'aultre en Savoie (3), et a Aiguebellete (4); traverssarent une montaigne qui contient une grand lieue de mountée et autre d'estandue; et de la tirarent a Chamberry en Savoie, distant de Lyon vingt deux lieues.

De la tirarent a Montmelian (5), Aiguebelle (6), a la Chambre (7), a Saint Jehan de Morienne, a Saint Andriu (8) et a Linabore (9) qui est auprès de la montaigne de Montsinos (10),

(1) J'ai le regret de ne pouvoir rien dire de ce compagnon de voyage du seigneur de Montaut.

(2) Chef-lieu d'arrondissement du département de l'Isère, à 57 kilomètres de Grenoble.

(3) Pont-de-Beauvoisin, chef-lieu de canton du département de l'Isère, à 18 kilomètres de la Tour-du-Pin, n'est séparé de Pont-de-Beauvoisin, chef-lieu de canton du département de la Savoie, arrondissement de Chambéry, à 29 kilomètres de cette ville, que par le torrent du Guiers-Vif, sur lequel on a jeté, au commencement du XVIᵉ siècle, un pont d'une seule arche et d'une grande hardiesse.

(4) Aiguebelette est une toute petite commune du département de la Savoie, à 17 kilomètres de Chambéry, son chef-lieu d'arrondissement, et à 17 kilomètres de Pont-de-Beauvoisin, son chef-lieu de canton.

(5) Montmélian, chef-lieu de canton de l'arrondissement de Chambéry, à 16 kilomètres de cette ville.

(6) Aiguebelle, chef-lieu de canton de l'arrondissement de Saint-Jean de Maurienne, à 39 kilomètres de Chambéry.

(7) La Chambre, chef-lieu de canton de l'arrondissement de Saint-Jean de Maurienne, à 10 kilomètres de cette ville, à 61 kilomètres de Chambéry.

(8) Saint-André, commune du canton de Modane (Savoie).

(9) Je reconnais le prétendu *Linabore* dans le *Lunebourc* du *Voyage du seigneur d'Anglure* (p. 2), lequel *Lunebourc* n'est autre, en réalité, que Lanslebourg, chef-lieu de canton de l'arrondissement de Saint-Jean de Maurienne, au pied du mont Cenis, sur la rive gauche de l'Arc.

(10) Le mont Cenis.

distant dudict Chamberry jusques audit Linabore 27 lieues. Et dudict Linabore començarent a mounter ladicte mountaigne de Montsinos, et la feurent prins muletz pour la mounter, car la mountée est de deux lieues, une lieue de plaine et deux d'estandue ; laquelle estoict couverte de neiges et gelles que les chevalz ne s'y pouvoeint soustenir. En laquelle montaigne se voient de bestes sauvaiges coume sont chamoys, chatz marmots (1) et autres bestes.

Et passée ladicte mountaigne, tirarent a Siviere (2) et a Suze (3) qui est l'entrée de Pymont, et a la citté de Vellane (4), ou furent vendus partie de leurs chevaulx.

Et de la vindrent a la citté de Thiery (5), ou le duc et duchesse de Savoie se tenoeint (6), distant dudit Linabore 21 lieues; ou reposarent et sejournarent trois jours, et pour vandre leurs chevaulx, faire provision de bateaulx pour se mectre sur la riviere

---

(1) Je ne me souviens pas d'avoir rencontré ailleurs que dans notre texte ce nom composé du quadrupède que font danser les petits savoyards. Le *Dictionnaire* de Littré, qui indique le masculin italien *marmotto*, ne connaît, en fait de *marmots*, que les singes et les enfants.

(2) Très probablement pour *La Ferrière*, le copiste ayant pris un *f* pour un *s ;* la même méprise lui a fait écrire ailleurs *Consolens* pour *Confolens* et *Fene* pour *Sene* (Sienne).

(3) *Suze* (à 53 kilomètres de Turin) est à la fois célèbre par son arc de triomphe, par ses marbres et par sa position, qui en a fait si souvent la clef de l'Italie du nord.

(4) *Vellane*, dont il est si souvent question dans nos chroniqueurs, sous la forme *Veillune* (voir notamment les *Mémoires de Puységur*, dont je viens de donner une nouvelle édition pour la Société bibliographique) est *Avigliana*, dans le val de Suze, à 24 kilomètres de Turin, à 12 kilomètres de Rivoli. Dans le *Voyage du seigneur d'Anglure*, cette localité est appelée *Villaines* (p. 2). Constatons, en passant, que dans le *Voyage du seigneur d'Anglure*, comme dans le *Voyage du seigneur de Montaut*, on trouve (p. 2) la forme *Pymont* pour *Piémont*.

(5) C'est peut-être *Chieri ?* que nous appelions autrefois *Quiers*, à 10 kilomètres de Turin. Dans le *Voyage du seigneur d'Anglure* on lit (p. 2) *Lyer*, et je me demande si ce n'est pas là une mauvaise lecture.

(6) Le duc de Savoie était alors Charles-Jean-Amédée, né le 24 juin 1488, et qui devait mourir, en tombant de son lit, le 10 avril 1496, dans la huitième année de son âge. La duchesse de Savoie était la mère de Charles-Jean-Amédée, Blanche de Montferrat, veuve du duc Charles I, dit le Guerrier, qui était mort le 13 mars 1489, n'ayant pas encore 21 ans révolus (voir *l'Art de vérifier les dates*, édition de 1819, in-8°, t. XVII, p. 190-191).

du Pou (1), qui est une moult forte et grande riviere, pour tirer vers la citté de Venise.

Et au bout de trois jours se mist dans une barqua (2), et en sa compaignie monseigneur de Saint-George et ses serviturs du pais de Flandres, pour faire ledict voiaige. Partirent de ladicte citté de Thiery, le iij° jour de may, vers la ville de Casaulx ou se tient le marquis de Montferrat (3), et a Bassemaine (4) en la duché de Milan, et a Saint Jacobo (5), et a la ville de Plaisance (6), et en la citté de Carmaigne (7), et tout en ladicte duché.

Et la tirarent au long de ladicte riviere de Pou a Pontoys (?), a Viedama (8), a Bourfort (9), a Cequete (10), a Hostia (11), a Struia (12), qui sont de marquis de Manta (13). Et de la, par le long de ladicte riviere, a la citté de Ferrara (14), approcha a Loret (15) et a la citté de Thoze (16), qui est belle citté et près l'entrée de la mer.

(1) Le Pô. Dans le *Voyage du seigneur d'Anglure*, on lit (p. 2 et non p. 3, comme le marque l'*Index*) : « Et illec mesmes [à Pavye] nous louasmes une « barque pour nous mener jusques à Venise par la rivière du Paust qui moult « est grosse ».

(2) On trouvera plus d'une fois, dans la suite du *Voyage*, d'autres mots où l'*e* final est remplacé par *a*.

(3) *Casal*, ancienne capitale du Monferrat, sur la rive droite du Pô, à 60 kilomètres de Turin et à 25 kilomètres d'Alexandrie.

(4) *Bassignano*.

(5) *San-Giacomo*. Cette localité, mal placée par l'auteur, est située à l'est de Crémone.

(6) « Qui est grande et belle cité », dit le seigneur d'Anglure (p. 2).

(7) Crémone (?)

(8) *Viadana*.

(9) *Borgoforte*, fort bâti par les Mantouans en 1211 (Alberti, *Descrittione d'Italia*, Venise, 1596, in-4°, p. 390).

(10) *Sacchetta*, près de l'embouchure du Mincio.

(11) *Ostiglia* ; mais Alberti dit *Hostia* ; c'est l'*Hostilia* des anciens.

(12) *Stienta* (?)

(13) Lisez *Mantoue*. Dans le *Voyage du seigneur d'Anglure*, les localités mentionnées après Plaisance sont celles-ci : *Cremona*, *Peticolle* (sic, peut-être *Torricella*), *Guastalla*, *Pont d'Ueil* (évidemment *Ponte-d'Oglio*), *Briquefort* (*Borgoforte*), *Gouverno* (*Governolo*), *Cermeu* (*Sermide*), *Pont-d'Escure* (*Ponte-Lagoscuro*). Quelques-uns des noms de la relation de M. de Voisins sont défigurés et peuvent être identifiés, on l'a vu, avec les noms énumérés en cette note.

(14) « La cité de Ferrare, qui est à deux heures du rivage, laquelle est très « grosse et très belle cité », selon le seigneur d'Anglure (p. 3).

(15) *Loreo* ou *Loredo*.

(16) Cette *citté de Thoze* (ci-après *Thuze*) est *Chioggia*, à 24 kilomètres de

Et de la prindrent bateaus pour se mectre sur mer, car ceulx qui avoeynt menés n'estoeint bien seurs sur la mer. Et allarent a la cité de Benise, ou arriverent le 22ᵉ jour de may ; et tardarent sy longuement d'arriver a cause du vent qui feust fort contraire. Laquelle citté de Thuze est distante de la citté de Venise par eau 36 1000.

Lequel seigneur de Montault louiga a *l'Home Sauvaige* et ledict sieur de Saint-George au *Lyon Blancq* ; ou demeurarent long temps a grand charté de vivres, come entandrés cy après.

Ladicte citté de Venise est fort belle et grande, bien près sy grande que Paris, et riche sur toutes les cittés du mounde, assize dans la mer (1), sans nulle muraille ni forteresse fors que la mer qui l'enclost de tous coustés ; et quand on veult aller par ville, fault aller par de bateaulx parmy les rues. Et est seignorie par soy, qu'ilz n'ont nul souverain fors Dieu ; et tienent beaucoup d'autres royaulmes et seignories, ainsin que orrés après ; et sellon le bruit comung, qu'ilz ont de rentes toutes les années 1,773,000 ducatz.

Et le temps qu'ilz arrivarent a ladicte citté estoict près de l'Ascention, ou estoict la foire qui dura bien quinze jours ; y avoict merchans de toutes countrées du mounde, comme estoeint Turcz, Mores, Grecz et plusieurs autres nations.

Ou les gens de ladicte citté estoeint en grand triomphe, especiallement les femmes nouvellement mariées qui portoeint habillementz descouverts, mountrant toutes les espaulles, belles femmes,

---

Venise, à l'extrémité des lagunes. C'est l'ancienne *Fossa Clodia*. Ce nom primitif fut changé en *Clugia ;* aussi le seigneur d'Anglure (p. 3) l'appelle-t-il *Cluge.*

(1) De cette description de la reine de l'Adriatique il faut rapprocher la description qu'en fait le seigneur d'Anglure (p. 3) : « très excellante, noble, « grande et belle cité, toute assize en mer. Et ladite cité de Venise a moult de « belles eglises, esquelles nous furent monstrées plusieurs sainctes reliques.. » Le pieux seigneur d'Anglure s'étend complaisamment et exclusivement (p. 3-5) sur les reliques conservées à Venise. Dans le récit gascon, le sujet des corps saints n'est qu'effleuré, mais il est parlé avec abondance des vénitiennes, de leurs vêtements, de leurs bijoux, de leurs habitudes ; il est aussi parlé fort au long du gouvernement de Venise, des grands revenus de la république, de la basilique de Saint-Marc, des fêtes et cérémonies, etc. Toute cette partie de la relation est particulièrement curieuse.

et portoeynt piereries sur leurs robes demy pied de hault, vaillant chascune plus de trente a quarante mil ducatz. Et cella fount deux ans au commancement qu'elles sont mariées, et après ses deux ans, se couvrent de habillementz noirs, qu'on ne voit que le visaige; et les filles qui sont a marier se portent pareilhement couvertes, fors que l'ung des yeulx que l'on peult veoir.

Et en ladicte citté a ung duc, lequel est faict par ellection, et tient ladicte duché pour sa vie, s'ilz ne trouvent aulcune chose pourquoy il doibve estre desfaict; et ledict duc a ordonner par le conseil de la ville et de la seignorie doutze des plus principaulx de ladicte citté, et sans ceulx-la ne peult rien faire. Et quand [survient] une chose de grand poix de conseil, ledict duc mande le conseil, et se trouveront bien 170[0] ou 2000 gentilhomes demurantz en ladicte citté audict conseil, et demounstré que le duc ayt, lesdicts gentilhommes retournent lendemain chascun en une vollunté sellon leur oppinion, et se presentent devant ledict duc, et sellou leur volunté il se tient a la plus grand oppinion, qui est une chose de grand sens, et sans avoir question.

Ledict duc se tient en ung grand palais, en quoy y a une eglise pavée et les pilliers de marbre, et par dessoubz voultée et dorée, et est belle a merveilhes, et est foundée a l'honur de monsieur saint Marc evangeliste, lequel est leur chef; et se dict tous les jour le divin office a chantres et bien sollempnellement.

Ledict pallais est faict a galleries, ou trouverés esdictes galleries chambres, en quoy en chascune a justice sellon chascun office, que chascun sçaict ou il doibt aller sans ce que la justice en soict assamblée, ainsin que pardessa, dont l'on treuve bone justice.

Ilz font une grand feste le jour de l'Assention; la en sont voluntiers tous les pellerins, lesquelz y estoeint. Et vint ledict duc a vespres en grand selempnité avec beaucoup de trompetes et haulx menestriés devant luy et cinq enseignes merveilheusement riches et belles; et il venoict après habillé d'une grand robe de drap d'or trainante par terre; et ung chevalier pourtant ung pavillon rcount dessus de fin drap d'or merveilheusement riche; et venoeint après les gentilhommes de ladicte citté, qui sont en nombre en ladicte citté plus de deux mille cinq cens, nonobstant que chascun se mesle de marchandise.

Et la veilhe de ladicte feste de l'Assention a vespres, mounstrent le tresor et le mectent sur l'autel principal de ladicte eglise, lequel tresor est qu'il y a deux couronnes d'or toutes chargées de grand piererie et doutze... (*mot en blanc*) hault de cre (?) ou escarabisse (?) aussi pareilhement chargés de la plus belle pierrerie qu'on vit ounques, et ung chapeau du duc ou il y a charbouncles (1) qui sont si grandz qu'une demie pome, et d'autres pierres beaucoup; et puis y a de couppes qui sont toutes d'estoppasse (2), de granata (3), et d'autres pierres precieuses et d'autres rubis qui ne sont poinct en œuvre merveilheusement grandz. Et le retaulle (4) de ladicte chappelle pareilhement chargé de grand piererie merveilheusement riche; et d'aultre part y a deux couronnes [cornes?] d'alicorne (5), que l'une a environ bien deux aulnes et ung cartier de long et l'aultre une aulne et demie. Lequel tresor n'est persone qui le peult nombrer ny estimer la valeur d'icellui. Lequel tresor feust demounstré audict sieur de Montault dedans ou ilz le tenoient, pour le veoir a son plaisir.

Et plus a en ladicte citté une maison comune qu'on l'appelle l'Arcenat (6), ou furent menés visiter tout; ou y a plusieurs gens qui euvrent tousiours incessement; les ungs font les naves et galleres, les aultres font les abirons et d'autres qui forgent tref et et autres ferremens qui sont besoing ausdictes; et femmes qui font les voilles, et d'autres qui fount artilherie et pouldre; lesquelz y sont tous les jours aulx despens et a gaiges de ladicte seignorie plus de deux mil personnes.

(1) Escarboucles (du latin *carbunculus*, charbon), variété de grenat.

(2) Topaze.

(3) Grenat, pierre fine d'un rouge obscur. Du latin *granatum*.

(4) L'ancienne forme du mot *retable* est *restaule*, qui vient de *restabilis* (fixé contre).

(5) C'est-à-dire de licorne. Voir l'article *licorne* du *Glossaire* déjà cité de M. de Laborde (seconde partie, p. 359-365). Rappelons que la Gascogne possède, dans la sacristie de l'église de Saint-Bertrand de Comminges, une corne de licorne bien plus longue encore que celles de Venise. Voir sur cette « belle ali-« corne de grand pris » une lettre de Joseph Scaliger, du 5 juin 1586 (*Lettres françaises inédites de Joseph Scaliger*, Agen, 1881, in-8°, p. 227).

(6) C'est-à-dire l'arsenal. On retrouve la forme *arsenac* dans Rabelais, et même dans Balzac. L'arsenal de Venise passait pour le plus beau, le mieux fourni, et le mieux entretenu de l'Europe.

Et les menarent veoir les harnois (1) de ladicte maison, ou avoict trois grandz salles, esquelles avoict des harnois de brigandines (2), gizarmes (3) et autres harnois necessaires pour armer plus de cent mil personnes.

Et en après, le jour de ladicte feste de l'Assention, ledict duc mounta sur mer dedans ung navire merveilheusement riche, acompaigné du patriarche de Venise et du leguat du pappe, lesquelz benyrent la mer, et ledict duc jetta ung verge d'or pour la tenir pour espouse, et ainsin font chascune année (4).

Et après feurent le jour de *Corpus Christi* en attandant le departement des galleres, auquel jour le patriarche chanta messe solempnelle en ladicte egiise de Saint-Marc, le soleil levé ; et après dict ladicte messe mirent le *Corpus Christi* dans une couppe d'or merveilheusement riche et le pouserent sur le mesme autel. Et commençarent a venir et passer pardevant les processions. Et premierement vindrent par ordre cinq compaignies de gens habillés tous de sarge blanche, que nous appellons pardeça confraires, chascun leur signe devant leur poictrine, sellon leur eglise, ou pourtarent chascun en sa main une torche chascun de sa collur, croix et banieres, sellon de la ou ilz estoeint ; et mirent pardevant eulx certain nombre d'enfantz habillés richement de drap d'or et de piererie en fasson d'anges, chascun pourtant en sa main une couppe d'or ou d'argent ou d'autres choses riches. Ausquelles cinq confrairies estoeint le nombre de plus de deux mil sept cens. Et puis après vindrent les religieus, chascun par ordre qui seroict long a racounter ; et après les parroisses passarent ou y avoict grandz richesses, vestemens et autres choses qu'on ne sauroict estimer ny nombrier. Et dura cella du soleil levant jusques a une heure après midy, avant que lesdicts religieus et parroisses feussent passés, qui estoict une très belle ordonnance. Et feust après

---

(1) Le *harnois* était autrefois l'armure complète d'un homme d'armes. Le sens propre était engin de fer.

(2) La *brigandine* était une armure en forme de cotte de mailles.

(3) Italien *guisarma*, espèce de hache, que les cavaliers portaient suspendue à l'arçon.

(4) Combien de fois n'a-t-on pas, dans le récit des épousailles du doge et de la mer, substitué un anneau d'or à la verge d'or !

prins le *Corpus Christi* et pourté par quatre prebstres de ladicte eglise, et autres quatre prebstres pourtoueint le pavillon; et le patriarche, le duc et l'embassade de Millan, qui y estoict pour lors, allarent après, tous trois ensamble, et tous les gentilhommes chascun pourtant une torche en sa main, ou y avoict grand nombre ; et la saillirent parmi la basse court du palais et allarent a l'entour de la place de la citté, qui est merveilheusement grande ; et par la ou ilz passoeint estoict couvert de draps, ou y avoict ung chandelier de deux aulnes et demie de hault tout d'or ; et a chascun pillier avoict une torche persse ou blanche ou rouige; et y avoict de nombre de pilliers 828. Lesquelz firent le tour par ladicte place, et se retournarent a ladicte eglise (1).

Et mondict seigneur de Montault visita les corps saintz, qui sont entre autres madame sainte Barba, sainte Lucie, sainte Eleyne (2), et beaucoup d'autres pelerinaiges, qui seroict loung a racounter.

---

(1) Plus de trois siècles après le seigneur de Montaut, l'abbé de Binos assista comme lui à la Fête-Dieu de Venise, et sa description prouve la persistance des usages religieux de la Sérénissime République. « ... La procession du Saint-« Sacrement, suivie d'un brillant et nombreux cortège, étoit précédée de diffé-« rents corps de métiers, des Religieux de chaque ordre et des ecclésiastiques ; « elle formoit une longueur qui ne finissoit pas. Vingt-un dais brodés en or, « d'un travail fini et d'une richesse immense, la plupart à six bâtons d'argent, « portés en avant, étoient accompagnés de plus de deux cents bourdons de ce « métal. Les confréries des Arts et Métiers, représentées par plus de trente « pavillons ou bannières, avoient séparément une musique instrumentale supé-« rieurement exécutée... Chaque sénateur avoit un pauvre à ses côtés, tenant « une torche allumée. Il ne m'est pas possible de détailler la multitude des feux « qui brûloient dans cette belle procession, où tous les assistans en ordre por-« toient leur grande torche. Les arceaux et les portiques qui entourent la place « Saint Marc étoient illuminés : les différentes classes du peuple qui mar-« choient à la suite avoient aussi des cierges. Je ne savois d'où l'on pouvoit tirer « tant de cire ; mais j'ai appris depuis qu'il n'est pas de Royaume qui en four-« nisse plus que cette République. » *(Voyage au Mont-Liban,* etc., t. I, p. 199-201.)

(2) Le seigneur d'Anglure mentionne les reliques de sainte Lucie et de sainte Hélène, mais non celles de *madame sainte Barbe.* Peut-être le rédacteur de notre Voyage ou son copiste a-t-il fait erreur sur ce dernier nom. Le florentin Frescobaldi, qui commença par Venise son pèlerinage aux saints lieux, comme le seigneur de Montaut, un siècle avant lui (1384), ne dit rien de sainte Barbe, tandis qu'il insiste sur les deux autres saintes et sur l'importance de leurs reliques. Son compagnon et compatriote, Simon Sigoli, dont la relation a été publiée

2

Et est telle institution en ladicte citté que chascun pelerin noble ou d'estat laissent leurs armes audict palais, ou y en a plusieurs; et monsieur de Montault y laissa les siennes.

Et partirent de ladicte citté le xj⁰ jour de juin, et en sa compaignie mesire Pierre de Susville, chanoine et sacrestain de Lesca (1), et maistre Dominique de Mediavilla, docteur en la sainte théologie, de l'ordre des Fraires Minurs de Morlans (2). Et se mirent en la galcre de mesire Bernard Baldu; et le landemain firent voille pour faire ledict saint voiaige, et allarent près la ville de Paula (3) et de Paransa (4) sans y descendre; et de la a la citté de Jarra (5) en Esclavonie, subjet a la seignorie de Venize. Et la descendirent et y demurarent trois jours, ou visiterent le corps de monsieur saint Simon le Juste; et demurarent lesdicts trois jours a cause qu'il faisoict vent contraire. Et au tiers jour partirent et allerent dix mille; et la leur vint grant tourmente sur la mer qu'ilz feurent constraintz retourner ariere audict Jarra.

Et après lendemain partirent et allarent avant a la citté d'Aragossa (6), laquelle est seignorie par soy, et est une forte citté, ce nonobstant faict aulcun tribut au grand Turc. Et y a de Venize jusques a ladicte citté d'Arrogossa cinq cens cinquante mil.

Et de ladicte citté d'Arragossa allerent a Modon en la More-

---

de nos jours dans le même volume que celle de Frescobaldi, et qui a mis un soin tout particulier à noter les corps saints et les lieux de dévotion, garde le même silence. *Viaggi in Terra Santa di Lionardo Frescobaldi e d'altri del secolo XIV* (Firenze, Barbéra, 1862, in-24), p. 7 et 263.

(1) *Lescar*, chef-lieu de canton du département des Basses-Pyrénées, à 7 kilomètres de Pau. On sait que Lescar a possédé un évêché jusqu'en 1790.

(2) *Morlaas*, chef-lieu de canton du département des Basses-Pyrénées, à 9 kilomètres de Pau. Ancienne capitale du Béarn, la ville de Morlaas avait alors beaucoup plus d'importance que Pau qui, jusqu'au milieu du xv⁰ siècle, ne fut qu'une modeste bourgade entourant un château déjà remarquable, comme le montre l'enthousiaste description du seigneur de Caumont.

(3) *Pola*, en Istrie. Voir ce que dit le seigneur d'Anglure (p. 6) de Paula, « cité assés bonne, mais jadis meilleure, car elle fut destruicte pour le temps « de la guerre des Genevois [habitants de Gênes] et des Veniciens ».

(4) *Parenzo*, *Parentium*, ville et port d'Illyrie, à 65 kilomètres sud de Trieste.

(5) *Zara*, ville forte et port des États Autrichiens, en Dalmatie.

(6) *Raguse*, ville forte, port des États Autrichiens, dans la Dalmatie, à 350 kilomètres sud-est de Zara.

rie (1), et laissarent Torson (2) a main gauche. Lequel Modon et
Torson est subject a la seignorie de Venize, et est joignant des
mescreans; et y habitent audict pais une grande quantité de
nations de gens qui se noment les Chimbres que l'on appelle
Boysmes (3) en France, qui sont pouvres gens et mal condi-
tionés. Et y a de ladicte citté d'Aragossa jusques audict Modon
sept cens mil.

Et après partirent dudict Modon et allerent en l'isle de Creste
en Grece en la citté de Candie, subjete ausdicts Venitiens (4).
Et la se prent le vin de Malvesie (5); et y a en ladicte isle grandz
cittés, vingt quatre chateaus et quatorze mil casaus, qu'on appelle
en France villaiges (6). Et y a dudict Modon jusques audict
Candie trois cens mille.

Et se partirent de ladicte citté de Candie et arriverent a la citté
de Rodes (7) le dernier jour de juin, ou tous les pellerins feurent

(1) *Modin* ou *Modon*, en Morée, dans la presqu'île placée à l'ouest du golfe
de Kalamata ou de Koron. Le seigneur d'Anglure dit (p. 8) : « Modin est
« cité belle et bonne, et moult forte... soubz la seignorie de Venise ».

(2) C'est l'île de Corfou. Le nom en est singulièrement défiguré ; mais la
confusion de *T* et de *C*, de *f* et de *s*, de *n* et de *u*, était facile.

(3) Les *Boïsmes*, Bohémiens, que la vieille chanson gasconne identifie avec
les hérétiques du XII° siècle :

N'y a pas pu bouno bito
Que la dous Patarins ;
Fan bulli la marmito
Tout lou loun dous camins.

(4) Voir ce que dit de l'*île de Candie* le seigneur de Caumont (*Voyaige
d'Oultremer en Jhérusalem*, p. 41-42).

(5) On récoltait le fameux vin de Malvoisie (par cet affreux temps de phyl-
loxera, il est plus sûr de dire : *on récoltait* que : *l'on récolte*), on récoltait, dis-je,
le vin de Malvoisie non-seulement dans l'île de ce nom, mais aussi au mont
Ida, dans l'île de Candie, et enfin à Ténériffe.

(6) C'est ici le cas de citer quelques lignes d'une *Notice sur la paroisse de
Cazaubon* par un des excellents rédacteurs de la *Revue de Gascogne* (livraison
de mai 1883, p. 197) : « Le nom de Cazaubon vient certainement du mot
« *casau*, qui, maintenant et depuis longtemps, dans l'idiome du pays, signifie
« seulement jardin, mais qui, dans les temps anciens et jusqu'aux premières
« années du XVII° siècle, était employé pour désigner soit une seule propriété
« avec habitation, soit un hameau avec toutes ses dépendances ».

(7) Voir sur l'île et la cité de Rhodes, les détails que donne le seigneur d'Anglure (p. 8-10). Conférez le *Voyage* du seigneur de Caumont (p. 81-84).

bien festoiés par M^r le grand maistre de Rodes (1) et autres chevaliers de la relligion, chascun de sa province; et feurent grandement recueilhis et festoiés par ledict monsieur le grand maistre et
par les commandeurs de Barrauta (2), de Berdusan (3), de
Molins (4), de Polastron (5) et d'autres du pais et province de
Gascoigne, ou estoict bien besoing, car ilz estoeint fort travaillés
de la mer. Et a dudict Candie jusques a ladicte citté de Rodes
trois cens mil. Et ladicte citté est forte a merveilhes, et ledict
monseigneur le grand maistre y a faict faire grand reparation
a cause du grand Turc et des mescreans, qui sont prochains. Et
leur feust mounstrée une espine de laquelle Nostre Seigneur feust
couronné, laquelle fleurist deux fois le jour du vendredy a heure
de midy (6), et le bassin auquel Nostre Seigneur lava les piedz
a ses benoitz apostres, et ung denier de quoy il feust vandu (7).

Et en après, en ensuivant leur saint voiaige, partirent de ladicte

---

(1) Le grand-maître de Rhodes était alors un français illustre, Pierre d'Au-
busson, qui gouverna l'ordre des chevaliers de Saint-Jean de Jérusalem depuis
1476 jusqu'à sa mort, en 1503. En renvoyant à tous les recueils biographiques
pour la vie de ce grand homme, je me contente de citer quelques mots de son
éloge par Vertot (*Hist. des chevaliers de Malte*, livre VII) : «... Un des plus
« grands capitaines de son siècle, révéré de tous les souverains qui vivoient de
« son temps, l'amour et les délices de ses chevaliers, le père des pauvres, le
« sauveur de Rhodes, l'épée et le bouclier de la chrétienté, et aussi distingué par
« une piété solide que par sa valeur ».

(2) Le titulaire de la commanderie de Barraute, au pays de Soule, était
en 1476 Fortanier de Gaveston. Voyez l'excellente *Histoire du Grand-Prieuré
de Toulouse*, par M. Ant. du Bourg (Toulouse, 1883, gr. in-8°, p. 415).

(3) Gaston de Verduzan, commandeur de Caignac en Lauraguais (Haute-
Garonne) (1497-1508). Même ouvr., p. 144, 146, 160, 203.

(4) Garcias-Arnaud de Mola ou de la Mole ou de Molin, était, dès 1444,
commandeur de la Cavalerie, près Vic-Fezensac. Même ouvr., p. 365, 525.

(5) Roger de Polastron, commandeur de Boudrac en Comminges (1500).
Même ouvr., p. 236, 245.

(6) Le seigneur d'Anglure ne pouvait manquer de signaler (p. 9) l'« espine
« de la digne couronne de Nostre Seigneur Jhesus Crist, dont il fust couronnés,
« laquelle digne espine est moult noblement envaissellée en argent ». Le narrateur champenois ajoute : « et sachiés qu'elle florist chascun an, au jour du
« Grant Vendredi, à heure de midi, et ainsi la veismes nous toute florie le jour
« de Grant Vendredy, au retourner a Rodes ». Conférez le récit du seigneur de
Caumont (p. 83-84).

(7) Si le seigneur d'Anglure ne vit pas le denier de Judas, il vit « ung des
« deniers de saincte Helene envaissellé en plomb »; s'il ne vit pas le bassin
même où « Nostre Seigneur lava les pieds a ses benoitz apostres », il vit « une

citté de Rhodes le tiers jour de juillet et traversarent le gouffre de Satalie (1), auquel madame sainte Heleyne jeta ung des clous de Nostre Seigneur, a cause que nul n'y pouvoict passer sans perir; et eurent audict gouffre tourmente de mer. Et arrivarent a la citté de Baffa au royaulme de Chippre (2), subjette ausdicts Veniciens, laquelle est une citté destruite. Et y est la caverne ou feurent trouvés les sept dourmans (3), et Ramondin, sieur de Lezinam, mary de Meluzine, y est ent[er]ré, a cause qu'un son filz feust roy dudict Chippre et y fist pourter le corps. Et de ceste generation sont descendus les rois de Chippre, jusques a present (4) qu'ilz sont ausdicts Venitiens, qui leur est chose griefve et seroeint volountiers ez mains des François, car ilz en ayment naturellement la nation (5). Et y a distant de Rodes jusques audict Baffa trois ceus mille.

Et de la tirarent a la citté de Limasson (6) audict pais de

« croix d'arain, qui est moult digne et de grant vertu, laquelle fut faicte du « bacin en quoy Nostre Seigneur lava les piez a ses appostres ». Le seigneur de Caumont ne mentionne ni deniers, ni croix, ni bassin. Il signale seulement « un « bras de madame sainte Cathelline ». Le seigneur d'Anglure passe ce bras sous silence et, en revanche, appelle notre attention sur « le bras destre de saint Ber- « tholomi ».

(1) J'emprunte ici une excellente citation à l'*Index* des éditeurs du *Voyage* du seigneur d'Anglure (p. 169) : « Le golfe qui existe sur la côte méridionale « de l'Asie-Mineure, au nord-ouest de l'île de Chypre. Sathalie représente ici « la ville actuelle d'*Adalia* — en latin *Attalia* — la plus importante cité de « cette partie du littoral ».

(2) Baffa est une humble bourgade de la côte sud-ouest de l'île de Chypre. C'est le site de l'antique Paphos.

(3) D'après la *Légende dorée* de Jacques de Voragine, la caverne des *Sept dormants* était dans le mont Célion, près d'Éphèse. Voir dans le tome I de la traduction de M. Gustave Brunet (Paris, Gosselin, 1843, p. 184-187) la *Légende des sept dormants*. Conférez une note des *Sonnets exotériques de Gérard Marie Imbert* (1872, in-8°, p. 83).

(4) Il est impossible de ne pas citer ici le beau travail de M. L. de Mas-Latrie : *Histoire de l'île de Chypre sous les Lusignan* (Paris, Didot, 1852-1861, 3 vol. gr. in-8°).

(5) Simple et touchant hommage rendu à un pays qui a, pendant tant de siècles, exercé au profit de la civilisation une si grande influence en Orient.

(6) Aujourd'hui Limasol, sur la côte méridionale de l'île de Chypre. Le seigneur d'Anglure appelle (p. 81) *Limeso* cette ville dont il dit : « Sachiés « que celle cité de Limeso, qui est la pluspart deshabitée, fut jadis ainsi destruicte « par les Genevois [ceux de Gênes] pour le temps qu'ilz firent guerre au roy de « Chippre... »

Chippre, qui est une pouvre citté et destruite. Et de la allarent
a Sallinas (1), allant avant a leur dict chemin. Et y a dudict
Baffa jusques audict Sallines cent mille.

Et partirent dudict Sallinas et tirarent vers le port de Jaffa (2);
et arrivarent audict Jaffa le jour Saint Jacques, qu'estoict le
25 jour de juillet. Qui est distant 200 000.

. Et l'aultre gallée de mesire Augustin Goutarin (3) pourtant pellerins y estoict arrivée le jour Saincte Magdaleine (4); lequel avoict
acomancé de faire porsuite d'avoir le sauf conduit du Soldam,
ainsin qu'a acostumé de faire; mais a cause que les supperieurs
et gens de bien du pais estoeint a la guerre contre le Turc, feurent en grand tribullation et dangier, ainsin que orrés.

Et firent demourer les galées audict port de Jaffa jusques
au 4ᵉ jour d'aoust, que demurarent a grandz peynes et mesaises
de leurs personnes pour le travaillement des gallées. Et y a mauvais port, et n'oserent descendre sans avoir le sauf conduit. Et
deux ou trois jours paravant leur descendue, vint le lieutenant du
sieur de Gazaro, mounstrant toute puissance du Soldam pour conduire les pellerins, et appoincta toutes choses avec les patrons, et
bailla sauf conduit, et promit que incountinant que les pellerins
seroeint descendus tircroeint avant sans arrester audict Jaffa. Et
lesdicts patrons firent beaucoup de presens audict de Gazaro et
autres gouvernurs du pais; car il vint audict Jaffa audebant desdicts pellerins plus de 2,000 Mores; et y avoict plus de quarante
pavillons tendus, qu'il sambloict ung sieige qu'on faict par deça.

Et priudrent terre lesdicts pellerins tous ensemble le susdict
jour iiijᵉ d'aoust; et descendus qu'ilz feurent, ledict Gazaro et
d'autres chercherent aulcune question ausdicts patrons, et faulsit

---

(1) Ni le seigneur d'Anglure, ni le seigneur de Caumont ne mentionnent cette
localité. Sallinas (*alias* Sallines et Cellines) est peut-être la *Salamis* des
anciens, port situé à l'extrémité orientale de l'île de Chypre, non loin de Famagouste.

(2) Jaffa est aussi célèbre que Sallinas l'est peu. Cette ville de Syrie, que
les Juifs nommaient Joppé, est à 55 kilomètres de Jérusalem. Le seigneur
d'Anglure l'appelle *Jaafe* (p. 41), et le seigneur de Caumont *Japhe* (p. 46).

(3) *Sic*, probablement pour *Contarin*, de l'illustre famille vénitienne des
Contarini.

(4) Le 22 juillet.

demurer audict Jaffa deux jours et deux nuitz en une crotte, tous
ensemble couchés sur la terre a grand misere, car il faisoict sy
grand chault que l'on ne pouvoict durer, nonobstant qu'il y eust
de petitz enfans qui portoient une cooffe (1) d'herbe seiche a vandre pour mectre de sur eulx, et vivres comme pain, resims, figues,
pouessons cuyts et œufs, que autrement eussent beaucoup a souffrir; de vin ne portoeint point, car au pais ne s'en foict point, et
feurent counstraintz d'en porter des gallées a grand charté tout le
voiaige.

Et partirent lesdicts pellerins dudict Jaffa le vj⁰ jour d'aoust en
la conduite des mescreans, et feurent constraintz de prandre ung
cappitaine et certain nombre d'Arabes, lesquelz estoeint descendus
des mountaignes, ou pilloeint et rabaigeoint tout le plat pais a
leur conduite. Feust baillé a chascun pellerin ung asne avec le bast
pour chevaucher, et tirarent a la citté de Rama (2); a l'heure de
xj⁰ partirent pour y aller a la grand chaleur, qui estoict une très
grand peyne et pittié, car pour ladicte chaleur trespassa incountinant ung pellerin du pais d'Allemaigne, qui feust grand pittié et
compassion.

Rama est assés grand ville et non pas guere peuplée. Et y a de
Jaffa jusques audict Rama xij m[illes]. Et feurent lesdicts pellerins d'hospital que le duc de Bourgouigne fist achapter et ediffier
expressement pour heberger les pellerins, ou feurent assez bien
couchés en terre; et tousjours leur portoeint assés de vivres pour
argent et de bons fruictz. Et le landemain de bon matin a l'aube
du jour le pere gardien des Cordelliers de Jherusalem, qui y estoict
pour les conduire, chanta une messe devant les pellerins, en les
prechant et exhortant les grandz saintetés qui estoeint aulx saintz
lieux et les grandz pardons qu'on y gaignoict, en donnant remis-

---

(1) L'auteur a voulu écrire *couffe*, nom d'une sorte de panier dont on se sert
dans tout l'Orient et qui, depuis la conquête de l'Algérie, a été adopté en Provence. Le mot a été employé par un des plus brillants écrivains qui aient raconté
leur voyage aux saints lieux, Chateaubriand (*Itinéraire de Paris à Jérusalem*,
seconde partie).

(2) C'est la ville de Palestine aujourd'hui connue sous le nom de *Ramleh*. Le
seigneur d'Anglure l'appelle *Rames* (p. 12). C'est aussi le nom que lui donne
le seigneur de Caumont (p. 47).

sion de tous pechés par puissance a luy donnée par le saint pere de Rome, et prescha et desmontra la patiance qu'il convenoict prandre de ses mescreans, et beaucoup d'autres belles choses qui seroeint longues a racounter.

Et après lesdicts pellerins cuiderent partir, mais ilz feurent par force par lesdicts mescreans enfermés dedans ung hospital l'espace de trois jours; et puis après partirent de Rama environ cent soixante allans tous ensamble, le ix° jour d'aoust, ainsin que la nuict estoict close, allans a pied tout au long de ladicte ville, ou chascun les escarnissoit (1) et leur jettoeint la pouldre sur le visaige; et estans dehors la ville, chascun mounta sur son asne, ou il y en eust aulcuns de desrobés par lesdicts mescreans; et chevaucharent toute la nuit sans descendre jusques a la citté de Jherusalem, ou y a mauvais chemin et des montaignes. Et y a plus de trente mil.

Et arrivarent a ladicte citté le jour de monsieur saint Laurenx, a ix heures, x° jour d'aoust, ou feurent a la maison du patriarche que ledict gardien avoict louée expressement pour loiger lesdicts pellerins; ou feurent assés bien, joignant de l'eglise du Saint Sepulcre; ou demeurarent tout le jour a reposer, car ilz en avoeint bien besoing; et feurent departis a chascun pellerin par ledict gardien ung tappis velu et ung oreilhier pour soy couicher, que le grand maistre de Rodes y en avoict faict pourter beaucoup expressement pour le service des pellerins.

Et le landemain au poinct du jour feurent menés lesdicts pellerins par les Cordelliers, leurs conducteurs, aulx saintz lieux auprès de la citté de Jherusalem, comme est en la chappelle ou la benoiste glorieuse Vierge Marie trespassa, et la ou saint Jehan Evangeliste chanta messe devant elle, laquelle chappelle avoict esté abbatue par les mescreans puis peu de temps; et de la ou Nostre Seigneur prescha ses benoitz appostres; et la ou les Juifz infidelles voulurent oster le corps de Nostre Dame aulx appostres; la ou saint Pierre ploura quand il eust renié Nostre Seigneur. Et de la traversarent la vallée de Josephat et vindrent la ou

---

(1) *Escarnir* est l'italien *schernire*, l'espagnol *escarnecer*, railler; racine tudesque : *scheren*. *Escarni* est encore usité en patois gascon dans le sens de contrefaire, imiter par dérision. Voir Raynouard, *Lexique roman*, art. *esquern*.

Nostre Seigneur avoict faict le patinostre (1); la ou les appostres avoeint composé le *Credo*; et vindrent au hault de la vallée de Josephat ou est Moncolivet (2); et y a une grande eglise et le lieu propre ou Nostre Seigneur s'en mounta au ciel, ou qu'il laissa la forme de l'un de ses benoitz piedz en une pierre au milieu de ladicte eglise; laquelle eglise leur feust ouverte par les mescreans qui en ont l'administration.

En s'en retournant par ladicte vallée, vindrent la ou l'ange apareust a Nostre Dama en lui denunceant sa bien heurée mort, et luy bailla la paulma (3); et après vindrent au jardin ou Nostre Seigneur fist son oreson a Dieu son pere la nuit du jeudy saint; et la ou les appostres estoeint noissés (4); et de la vindrent au saint sepulcre Nostre Dama, qui est au foundz et a la fin de ladicte vallée, ou il y a comme une eglise desoubz terre faicte de roche parfounde, ou y a trois ou quatre autelz, et devant le premier autel est ledict saint sepulchre.

Et puis après partirent dudict saint sepulcre de Nostre Dame et entrarent dans ladicte citté par la porte ou monsieur saint

---

(1) L'admirable prière du *Pater noster*. De toutes les indications déjà fournies par notre auteur, comme de toutes celles qui vont suivre, il faut rapprocher le chapitre du seigneur d'Anglure, intitulé : *Cy après sont escrips les saints lieux que nous avons visitez la grace Nostre Seigneur* (p. 13-35). Avec la description si détaillée du voyageur champenois et les rapides énumérations du voyageur gascon, il faut encore comparer les *pérégrinations du Saint Sépulcre, les pérégrinations dedens la cipté de Jhérusalem, les pérégrinations de la vall de Josaphat,* etc., qui tiennent une si grande place dans la relation du seigneur de Caumont (p. 61-73).

(2) *Sic* pour *Montolivet*, c'est-à-dire le mont des Oliviers, le *mont d'Ollivet* dans Caumont (p. 49), le *mont d'Olivet* dans d'Anglure (p. 18) et dans la plupart des anciennes relations.

(3) *Sic* pour *palme*. « A cent cinquante pas de là [du mont d'Olivet] vers « le septentrion, en la partie qu'ils appellent *Viri Galilœi*, est le lieu où l'on « tient que l'Archange saint Gabriël s'apparut à la Vierge sacrée un peu devant « son Assomption glorieuse, lui annonçant que son Fils la vouloit tirer à lui : « et pour symbole et témoignage des triomphes qu'elle avoit remportés sur « Satan et le Monde, il lui laissa une palme, qui est cause que ce lieu a toujours « été appelé par les Levantins *Et chamir tulietœ*, la palme de la Vierge. » Boucher (religieux cordelier qui fit le pèlerinage de Terre Sainte en 1610), *Le bouquet sacré composé des roses du Calvaire, des lys de Bethléem, des jacinthes d'Olivet*, etc. (Lyon, s. d., in-12), p. 236.

(4) *Sic*, peut-être pour *mussés* (cachés), mot qui se retrouve plus loin.

Estienne feust lappidé; et leur feust monstrée la porte *aurea* que nul n'y passe. Et en passant par la ville leur feust monstré la ou les Juifz firent prandre la croix a Simon le Leprus (1), laquelle Nostre Seigneur ne pouvoict pourter, tant estoict grande et pesante; et la maison de Pillate ou Nostre Seigneur feust jugé; et la maison d'Herodes, la ou feust mené; la maison de Veronique.

Les pardons et oresons desdicts lieux se contienent au libre qu'on prent a Venise en allant au voiaige.

Et après lesdicts pellerins allerent reposer a leur lougis pour repaistre jusques au soir qu'ilz feurent menés dedans l'eglise du Saint Sepulchre, laquelle leur feust ouverte par les Morres et mescreans, et la prindrent en compte lesdicts pellerins l'un après l'autre. Et entrerent dedans ladicte eglise, laquelle feust fermée par dehors (2), et ilz demeurarent enfermés dedans toute la nuict; et la feurent conduitz par les Cordelliers en une chappelle de Nostre Dame ou lesdicts fraires feurent tous revestus et commençarent leur procession en ladicte chappelle de Nostre Dame. Estoict la ou Nostre Seigneur appareust a Nostre Dame après sa benoite resurrection, et la colonne ou il feust battu et flagellé, et aussy ou la vraie croix feust approuvée sur l'homme mort.

Et de la s'en partirent tousiours en chantant lesdicts fraires et chascun pellerin tenant ung sierge allumé en la main, et allarent ou Nostre Seigneur appareust a Marie Magdaleine, ou y a une pierre ou elle estoict et une autre ou Nostre Seigneur tenoict les piedz; et de la tirarent a la chappelle Sainte Heleyne, ou feust trouvée la vraie croix de Nostre Seigneur; et de la retournarent a la couronne ou Nostre Seigneur feust couronné, et au lieu ou feurent despartis ses vestementz, et la ou ilz tindrent en prison et abilhant et faisant la croix le jour de sainte et glorieuse passion.

Et puis mounterent par ung degré au mont de Calvaire dedans ladicte eglise ou Nostre Seigneur print mort et passion, et aussy le pertuis ou estoict la vraie croix. Et y a une belle petite eglise;

(1) Soit ignorance, soit distraction, l'auteur a écrit « le Lépreux », tandis qu'il aurait dû écrire « le Cyrénéen » (Math. XXVII, 32; Marc, XV, 21). Simon le Lépreux (Math. XXVI, 6; Marc, XIV, 3) sera cité à sa vraie place, plus bas, p. 35.

(2) Même récit dans le *Voyaige* du seigneur de Caumont (p. 50).

et la feust faict sermon par ung notable fraire en leur remounstrant que la feust faicte la redemption humaine, ou eussiés ouy crier : « Seigneur Dieu, misericorde », et plurer chascun ses pechés, qui estoict piteuse chose et de grand devocion. Et de la retournerent descendre ledict degré tousiours en procession ; et vindrent la ou Nostre Seigneur feust descendu de la croix, que Nostre-Dame le print entre ses bras et feust oeint et mis au saint suaire ; et de la allarent au Saint Sepulcre, ou est saint lieu et de grande devocion, et demurarent en ladicte eglise toute la nuict, suivans les saintz lieux en disant oresons, ainsin que se countient audict livre de pellerinaige. Et environ la minuict commancerent de chanter religieus, prebstres et pellerins dessus le Saint Sepulcre, Monticalvare et la uncion (1), venant par ordre, ainsin que feust ordonné par lesdicts fraires. Et y avoict tant religieus, prebstres que pellerins quarante huict ; et y en eust quatre qui chantarent messe nouvelle sur le Saint Sepulcre ; et receurent le saint sacrement ceste nuict presque tous les pellerins.

Et le landemain a huict heures allerent a Montesion (2), qui est dehors la ville [à] l'ordre des fraires Cordelliers, et oyrent la messe solempnelle ; et leur feust demounstré par lesdicts fraires les saintz lieux dudict Montesion, comme est le lieu ou Nostre Seigneur fist la cena et ordonna le saint sacrement de l'autel, et aussy ou il lava les piedz a ses saintz appostres, et la ou le Saint Esprit descendit sur lesdicts appostres le jour de Pentecouste, et la ou Nostre Seigneur leur appareust l'huis clos. Et lesdicts fraires donnarent a disner a tous lesdicts pellerins bien honnestement sellon leur pouvoir ; et après chascun s'en alla reposer au lougis. Et sur le soir lesdicts fraires vindrent chercher lesdicts pellerins pour achever de visiter les autres pellerinaiges qui estoeint restés de visiter près ladicte citté ; et les menarent a la maison de Caiffas,

(1) *Sic*, pour la pierre d'onction. « Pierre verdoyante qui étoit au pied « du Calvaire, aujourd'hui couverte d'un marbre gris et blanc, long de neuf pieds « et large de deux et demi, accompagné de huit lampes qui y brûlent nuit et jour. » C'est là que Nicodème et Joseph d'Arimathie embaumèrent le corps de Jésus-Christ « de myrrhe et d'aloès detrempés dans le sang du pâte et des larmes « de sa dolente mère, qui assistoit à cet office pitoyable. » (Boucher, *Le bouquet sacré*, p. 178, 179.)

(2) Mont de Sion.

ou est la pierre qui estoict devant le Saint Sepulcre, quand les trois
Maries trouvarent l'ange, et aussy est la prison ou Nostre Seigneur feust mis ; et devant la porte de ladicte maison est la ou
saint Pierre renia Nostre Seigneur ; et de la a la maison de Annas,
la ou M^r saint Jacques feust decapité, et en d'autres pellerinaiges
contenus audict livre de pellerinaige.

Et le landemain qui estoict vandredy xiij^e jour d'aoust, lesdicts
pellerins se trouvarent auprès de Montesion, au point du jour,
et feurent menés au champ lequel feust achapté des deniers que
Nostre Seigneur feust vandu, et aux sepulcres des prophettes,
et aussy ou Isaias feust scié d'une scie de bois ; et de la a la foun-
taine ou Nostre Seigneur feist veoir l'aveugle, en laquelle Nostre
Dame lavoict ses drapeaus, et de la ou monsieur saint Jacques
demoura mussé a la passion de Nostre Seigneur. Et de la s'en
retournarent reposer au lougis jusques au vespre (1), qu'ilz feurent
mis dedans l'eglise du Saint Supplice la seconde fois, et y demurarent toute la nuict, faisant et suivant les saintz lieux, ainsin
qu'avoeint faict paravant. Et de deux heures avant minuit feurent faictz les chevaliers sur le Saint Sepulcre secretement, pour
crainte des mescreans, par ung prudhomme fraire qui avoict esté
conte et chevalier des pais des Alemaignes, qui c'est randu fraire
Cordellier au mont de Sion. Et en feurent faictz grand nombre
comme ducz, contes et autres qu'il y avoict du pais d'Allemaigne,
d'Hollande, de Flandre, du royaulme de France et d'autres pais
estrangiers. Et aussy ledict mesire Philipes de Voisins, seigneur
de Montault, en feust faict, nonobstant qu'il l'estoict parevant au
faict d'armes (2). Lendemain matin que les religieus et prebstres
pellerins eurent chanté, sellon que avoict esté ordonné, les portes
feurent ouvertes et chascun s'en alla au lougis, auquel se reposerent tout le jour.

----

(1) Jusqu'au soir.
(2) Le seigneur de Caumont lui aussi fut fait chevalier du Saint-Sépulcre.
Voir son récit fort détaillé (p. 50). Voir encore (p. 50-51) le chapitre intitulé :
*Ci ensuivent les serements que font les chivalliers ou saint Sépulcre Nostre
Seigneur en Jhérusalem, lequel je Nonper, seigneur de Caumont, de Chasteau-
Nuef, de Chasteau Cullier et de Berbeguières, ay fait pour le plaisir de Dieu, le
viij^e jour du mois de juillet, en l'an de l'incarnation mil cccc xix.*

Vous trouverés que dedans l'eglise du Saint Sepulchre demurent tousiours residens cinq nacions de chrestiens, comme sont Auasins qui sont de la terre du prebstre Jehan (1), Suriens, Armaniens, Jurgiens et Latins. Ce sont les Cordelliers qui tienent le Saint Sepulchre ; et dehors aulx autres chappelles y a d'autre generacion de chrestiens, comme sont Jacopites, Grecz, Maronites (2), et font l'office ung chascun en leur fasson.

Et estans lesdicts pelerins en l'eglise du Saint Sepulcre, chascun comença matines et dirent messes et autres heures sellon leur fasson, qui estoict estrange chose de les ouir chascun en son langaige. Et après lendemain qui estoict le jour le l'Asumpcion de Nostre Dame quinziesme jour d'aoust, les pellerins ferrent menés de matin au Saint Sepulcre de Nostre-Dame, ou chanterent (3) la plus part des prebstres pellerins, et feust dicte par les Fraires Mineurs une messe solempnelle a diacre et soubz diacre ; et y avoict grand presse d'aultres nacions de chrestiens, car chascun y dict messe solempnelle sellon leur fasson, et tout le peuple chrestien y vient et aulcuns des mescreans. Et la eussiés veu beaucoup de fassons de messes chanter, car l'ung pourtoict Nostre Seigneur par l'eglise, l'aultre le monstroict par dessus le bras et les autres sur les espaulles et sur la teste, ainsin que ce faict par deça, et tout en plaine veue ; et firent comunier les petitz enfans qui n'avoeint pas deux ans ou trois, car c'est leur façon. Et après chascun s'en alla disner et ung peu reposer.

Et ce faict, lesdicts fraires vindrent chercher lesdicts pellerins et les menerent a Montesion, et monterent chascun son asne, allarent a Bethelem, ou a cinq mille de Jherusalem. Et par le chemin leur feust mounstrée la maison de Jacob, et la maison ou les trois Rois se reposerent, et le sepulcre de Rachael, et la vallée ou l'ange appareust aulx pastoraux ; et vindrent a Betlem ou a ung beau monastaire de fraires Cordeliers subjectz a cellui de Montesion ;

---

(1) On sait que l'on appelait autrefois *prêtre Jean* l'empereur d'Abyssinie et aussi le souverain d'un pays de l'Asie, voisin de la Chine et du Thibet, pays auquel les vieux géographes donnent le nom de Cangingu.

(2) Le texte porte *Maconites*. C'est évidemment une erreur du copiste.

(3) *Chanter messe* ou simplement *chanter*, célébrer la messe ; d'où l'expression *pain à chanter*, pour *pain d'autel*.

et la feurent mis les pellerins tous louigés au cloistre chascun
une nate dessoubz soy; et lesdicts fraires leur donnarent de ce
qu'ilz avoeint, especiallement de vins a leur volunté, car les gens
leur pourtoeint assés d'autres vivres a vandre. Et sur le vespre
lesdicts fraires commençarent la procession bien honnestement
et menerent lesdicts pellerins, chascun ung sierge a la main
alumé, car les mescreaus leur en pourtoeynt assez a vandre, la ou
saint Hierosme translata la bible de grec en latin (1), et la ou fut
enterré. Et de la entrarent a l'eglise qui est belle et grande,
et les menarent la ou Nostre Seigneur feust circoncis; et de la
ou les trois Rois vindrent quand l'estoille les mena; et de la
descendirent bas desoubz terre ou est le lieu ou Nostre Seigneur
feust né, et la creche ou il feust mis, et la ou les trois Rois l'ado-
rarent, ou est une grande et devote chose, et y a remission de
tous pechés. Et demurarent la nuict a ladicte eglise ou les prebstres pellerins chantarent messe aulx lieux dessus dicts, sellon
qu'ilz avoeint esté ordonnés.

Et le landemain matin qui estoict le setziesme jour d'aoust,
les messes dictes, lesdicts pellerins mountarent chascun sur leurs
asnes et feurent menés a *Montana Judee* (2) a cinq mille de Beth-
lem, ou leur feust monstrée la maison de Zacaries (3), ou feust
[faict] le *Benedictus*; et la ou Nostre Dame fist la salutation a
sainte Elizabet et composa le *Magnificat*; et la ou saint Jehan
Baptiste feust né. Et s'en retournarent en Jherusalem, et en chemin passarent la ou l'arbre de la vraie croix nasquit; et reposarent pour ledict jour.

Vray est que les pellerins après que eurent faict voiaige firent
grand porsuite avec les patrons d'aller au fleube Jourdain; mais
a cause que les Arabes c'estoeint mis sur le chemin qui desro-

---

(1) Frescobaldi s'exprime plus exactement en disant : *traslatò la Bibbia
d'EBRAICO in latino* (*Viaggi in Terra Santa*, p. 98); son compagnon Gucci
réunit les deux leçons : *traslatò la Bibbia di GRECO o vero d'EBREO in latino*
(id., p. 357).

(2) Cette dénomination géographique *(Montana Judææ)* est empruntée à
l'Évangile selon saint Luc (I, 65).

(3) La maison de saint Zacharie, le père de saint Jean-Baptiste, était dans
le village actuel de Ain-Karim. Voir sur cette maison le seigneur d'Anglure
(p. 341), et le seigneur de Caumont (p. 72).

bo_:int tous les passans, ne feust licite d'y aller qu'ilz ne feussent desrobés et en grand peril de leurs personnes, et personne ne les osa conduire (1).

Et après le landemain matin qui estoict le xvij^e aoust, lesdicts pellerins feurent menés, estans mountés a cheval les aulcuns et les autres a pied, en Bethanie, distant trois mille de Jherusalem ; et la leur feust monstrée la maison de Simon le Leprus, auquel lieu Nostre Seigneur pardonna les pechés a la Magdaleyne ; et allarent aussy a la maison de la Marie Magdaleyne; a la maison de sainte Martre (sic), la ou Nostre Seigneur resusita le Lazare. Et a tous les pellerinaiges dudict lieu que y a grandz pardons, et y en a vingt six ou y a remission de tous pechés, et aulx autres sept ans et sept quarantaines, ainsin qu'est contenu au libre de pellerinaige.

Et de Bethanie s'en retournarent sans arrester en Jherusalem, et celle mesme nuict entrarent en l'eglise du Saint Sepulcre, qui estoict la tierce fois, ainsin que a esté acostumé; et demurerent toute la nuict faisant leur pellerinage et suivant les sairtz lieux, ainsin qu'ilz avoeint faict les aultres fois ; et les re gieus et prebstres chantarent les messes, sellon leur ordre qui avoict esté ordonné ; et en saillirent le matin comme avoeint faict autres fois.

Et veu que les pellerinaiges feurent achevés et ne failloict que s'en retourner, les patrons envoyarent querir ledict sieur de Gazaro qui avoict la charge de les conduire, lequel s'en estoict retourné a sa maison, pour conduire lesdicts pellerins au retour; lequel ne volust ounques venir, ne aussy ceulx de Jherusalem ne les vouloeynt prandre pour les conduire, ains faisoeint porsuite de faire rançonner les patrons et les pouvres pellerins, et les tindrent comme prisoniers audict Jherusalem xj jours, que aulcuns jours les tenoeint enfermés en la maison sans y laisser entrer nulz

---

(1) Plus heureux que nos voyageurs gascons, le seigneur d'Anglure et le seigneur de Caumont purent saluer le Jourdain. Le premier parle ainsi de ce fleuve (p. 36) : « Sachés que cedit flun est eaue moult trouble et blanche, « et court assés fort ». Le second, dans *les pérégrinations du fleuve Jourdeyn* (p. 74), n'en fait pas la moindre description. Les pèlerins florentins de 1384 eurent également la consolation de visiter le Jourdain et de s'y baigner (*Viaggi in Terra Santa*. p. 122 et 380).

vivres, tellement qu'ilz cuiderent passer (1) grand fain, qui estoict grand pittié.

Et les patrons, veu la rettenue qu'ilz faisoeint des pouvres pellerins, ilz les firent entrer une autre fois au Saint Sepulcre, que feust la quatriesme fois, car n'avoeint acostumé de y entrer que trois fois, et la viziterent les saintz lieux, ainsin qu'avoeint faict les autres fois, lesquelz en sortirent le matin. Et voyant les patrons les mauvaises mines que les meschans mescreans tenoeint aux pouvres pellerins, appointerent a ceulx de Jherusalem ou gens pour eulx en retourner et conduire, en leur donnant une grand somme de ducatz; et lesdicts pellerins feurent mandés au mont de Syon pour partir; et ce feust le xxvj⁰ jour d'aoust. Quand feurent la tous prestz de partir et par eulx prins leur argent, les traistres mescreans n'en volurent rien faire; puis feurent contraintz de eulx retraire andict Montesion, car les traistres mescreans prenoeint ceulx qui trouvoeint dehors, dont estoict grand esbaissement pour lesdicts pellerins, qui demurarent audict Montesyon en grand doubte. Et le landemain 27⁰ jour d'aoust, les patrons esbais et non sans cause parlerent ausdicts mescreans et fiuerent une autre somme d'argent, lequel emprunterent des pouvres pellerins du petit qu'ilz avoeynt; et firent que lesdicts mescreans partirent pour les conduire ensamble tous les pellerins sur le soleil couché, et chevaucharent toute la nuit. Et bien une heure devant le jour lesdicts Morous (2) se arrestarent sur le chemin, car les Arabes les vouloeint destrosser, et eurent grand question entre eulx, car aulcuns ne le vouloeint consentir; et par la grace de Dieu lesdicts pellerins feurent sauvés et leur mua leur couraige, et arriverent a Rama lendemain matin 28⁰ aoust, ou lesdicts pellerins feurent mis et enfermés a la maison de l'hospital, ainsin qu'avoeint esté l'aultre fois.

Et lesdicts patrons cuiderent partir le landemain, ainsin qu'avoeint promis, lesquelz mescreans refusarent sans ce qu'ilz eussent

---

(1) *Passer* semble avoir ici le sens de souffrir (voy. Littré, art. *passer*, 51⁰ et 53⁰). Jean Rus (*Collection méridionale*, t. VI, p. 30) a dit : « A bon droit « mon mal je passe ».

(2) *Morous*, Maures. On trouve dans le *Voyage* du seigneur de Caumont : *Morous, Mouros*.

une autre grand somme d'argent plus que paravant, qu'estoict a eux impossible de paier; laquelle chose feust demounstrée aulx pellerins, ce que ne feust pas sans estre esbais, cuidant qu'ilz les voulcisent retenir du tout, et feurent contraintz lesdicts pouvres pellerins d'emprunter les ungs des autres pour fournir et prester ausdicts patrons une partie de ladicte somme. Et l'ayant fournie, le penultiesme jour d'aoust, environ deux heures après midy, mounterent lesdicts pellerins sur leurs asnes avec la conduite des mescreans, et tirerent tout droict a Jaffa, ou feurent assaitz (1) près d'ung villaige d'autres gens en les faisant rançonner; et arriverent audict Jaffa environ soleil couché, ou trouvarent les barques des galées qui les standoeint près du bord de la mer, ou tous lesdicts pellerins se jeterent dedans l'eau jusques a la seinture, en se mectant dedans lesdictes barques a grand joye, chantans *Te Deum laudamus*, etc., voyant qu'ilz estoeint eschappés des mains des Morous mescreans; et les patrons demeurarent avec eulx en les faisant tousiours rançonner plus que n'avoeint acostumé les autres annéos.

Et lendemain qui estoict le dernier jour d'aoust, lesdicts patrons ce retrairent aulx gallées, et la nuict a dix heures firent voylle en retournant vers Chippre. Et se leverent les ventz contraires et la mer se mit en bonasse, ou demeurarent quatre jours d'aller jusques audict Chippre, ou les pouvres pellerins eurent beaucoup a souffrir, car faloict qu'ilz mangeassent le viscuit plain de vers et beurent l'eau puante et le vin aigre, qui leur feust grand ennuy. Et arriverent a Cellines (2). Le patron de ladicte gallée s'en entra audict royaulme de Chippre et s'en alla a Faungosta (3) et fist attandre lesdicts pellerins jusques a son retour; et les fist demurer audict royaulme de Chippre tant audict Cellines que Allimasson (4) et a Baffa (5) 19 jours, et ce pour charger bled, sel et autres

---

(1) *Sic* pour *assaillir.*
(2) Voir plus haut, p. 26, n. 1.
(3) Lisez : *Famagosta.* C'est Famagouste, sur la côte orientale de l'île de Chypre. Le seigneur d'Anglure l'appelle *Famagost* (p. 81), et le seigneur de Caumont, *Famegosts* (p. 77).
(4) *Sic* pour à Limasson. Voir p. 25, n. 6.
(5) Le texte porte *Traffa.* Sur Baffa voir p. 25. n. 2.

choses, ou eurent grand discention avec ledict patron a cause
de la longue demure, mauvais et dangerus air qu'il y a audict
pais, car communement les pellerins y prenent le mal de la mort.

Et partirent de Baffe et firent voile le xxvj⁰ jour de septembre
a heure de minuit, tirant vers Roddes, ou eurent par le gouffre
de Natalie tousiours vent contraire et bonasse; et passé que
eurent ledict goffre, feurent contraintz de descendre a ung port
de Turquie nommé Cacabou (1), inhabitable et desert, la ou sou-
loiet avoir une grant citté, laquelle feust fondeue pour leur peché,
ainsin que feust Sodome et Gomorre, et on y trouve encore les
murailles des maisons destruites, tant dessoubz l'eau que dehors.
Et la prindrent eau et bois, et firent vele la nuict, se mirent a la
grand mer et navigarent tout le jour a tout vend contraire jusques
au soir que la grant tourmente les print et feurent contraintz de
retourner de la ou ilz estoeint partis, et ce estoict la ville de Saint-
François, ou demurarent huict jours sans oser sourtir dudict port,
a cause du vent contraire et tourmente qui estoict en la mer,
ou feurent en grand peyne et melencolie, car il n'i avoict aulcune
habitation sinon roches et pais desert.

Et le cinquiesme jour partirent et firent voille et allerent bien
avand en la mer, ou leur priut sy grand tourmente qu'ilz cuiderent
tous perir, et retournarent audict Cacabou a grand joye quand
ilz peurent arriver. Et au bout de huict jours partirent lesdicts
pellerins et firent voille autre fois en tirant vers Roddes; et quand
eurent passé Chateau Roge (2), se leva assés bon vent par la
grace de Dieu; arrivarent a Roddes le xj⁰ jour du mois d'octobre,
faisant grand vend, qu'ilz ne peurent ounques entrer dans le port

---

(1) Ce nom est écrit *Cacomo* par le seigneur de Caumont, dont voici les
termes : « [Du] chasteau Rog plus avant xxx milles, a une ille déserte apellée
« Cacomo, et, entre ycelle et la terre ferme, ha un port moult bel et grant, lequel
« en tamps passé solloit estre citté, qui s'en entra à fons, et encores aujourduy
« aparent grant partie des hostels et mesons en le fons de le mer » (p. 44-45).

(2) C'est la localité nommée *Chasteau Rog* par le seigneur de Caumont (voir
la note précédente) et dont le seigneur d'Anglure parle ainsi (p. 10) : « Chas-
« tiau Rouge qui est cent m. oultre Rodes et est de la seignorie de Rodes ». Le
Chastel-Rouge ou Kastelloryzo est dans une petite île éloignée d'une demi-lieue
du rivage de la Turquie-d'Asie et située à une trentaine de lieues à l'est de
Rhodes.

et feurent constraintz demurer dehors a grand dangier ; et le matin entrarent en ladicte citté de Roddes, ayantz grand joie, pour soy raffrechir, car il en estoict bon besoing. Et y demurarent cinq jours, et monseigneur le grand maistre et les chevalliers leur firent grand chere, et feurent bien recueillis.

Et partirent lesdicts pellerins dudict Roddes le xvj^e jour d'octobre et la mer fist bonasse, mais le vend vint bon, et arriverent a la citté de Candie le xixe jour d'octobre, et la demurarent pour charger de malvesies pour aulcuns merchans qu'il y avoict en ladicte gallée et galiotz, jusques au xxvj^e jour dudict mois. Ladicte citté de Candie est une bonne ville, forte et riche, subjecte aulx Venitiens, comme dessus est dict, et l'isle contient sept mille.

Et partirent dudict Candie en s'en retournant vers Modon, et a cause des ventz contraires et bonasse que fist la mer, n'arriverent audict Modon jusques au dernier jour du mois d'octobre. Et firent voylle la mesme nuict vers Troffo (1), et a cause des grandz ventz et tourmente qui feust sur la mer, feurent constraintz de reculer trente mille en l'isle de Jauna en la Morea, subjecte ausdicts Veniciens ; et y feurent a cause du vent contraire jusques au cinquiesme jour de nouvambre qu'ilz firent voylle et arriverent a Troffo le landemain. Lequel Torffo est une isle en Grece subjecte audicts Veniciens, ou a deux fortz chateaux, l'un près de l'aultre, assis sur de grandz rochers dans la mer, imprenables a tout le mounde.

Pour quoy les dessus dicts sieur de Montault et ceulx de sa compaignie et aulcuns autres du royaulme de France descendirent de ladicte gallée de messire Bernard, luy xiij^e, fort enuiés, et louarent ung grif pour tirer le chemin vers Rome.

Et partirent dudict Troffo le xe jour de nouvambre, tirant vers la Trantra (2). Et quand feurent allés et navigués en la mer cinquante mille avant, feurent constraintz retourner ariere a cause de la tourmente jusques a Nostre-Dame de Gasopie en ladicte isle de Torffo, ou demurarent iij jours en grand enuy et melen-

---

(1) *Sic.* Nous avons trouvé plus haut (p. 23) la forme *Torson* et nous allons trouver un peu plus loin la forme *Torffo.* C'est toujours l'île de Corfou.

(2) La terre d'Otrante.

colie. Et au bout de iij jours firent voille et arriverent au Tran-tra (1) le xve jour dudict mois, et non sans grand joye.

Ladicte citté Terrante est assize sur le bort de la rive de la mer et est au roy de Naples, laquelle est presque destruicte a cause que le grand Turc ou ses gentz la prindrent, dix ans a ou environ (2), d'assault, et tuerent l'archevesque et tous les hommes qui estoeint dedans, desquelz on feust mectre les ossemens a la maistresse eglise en deux grandz arches, et sellon qu'on dict, il s'y voict grand clarté la nuict; et voyant cella ledict roy en a faict pourter a grand solempnité deux charrettées en la citté de Naples, qu'il n'y a beaucoup.

Et partit ledict sieur de Montault avec les autres le landemain vers Rome a Lesche (3), a Vasside (4), a Brandis (5), a Manappolle (6) et a Barlette (7), qui est une très belle citté, belles rues et belles maisons, et les murailles faictes en tailles comme table de dyamant; ou par ledict chemin se pourveurent de chevaulx assés bons.

Et de ladicte citté de Barlette tirerent a la citté de Bar (8), ou y a grand voiaige a cause du corps de M^r saint Nicolas, ou volluntiers les pellerins passent a cause des veus qu'ilz ont faict pour les perilz de la mer; et est bonne citté et belle. Toutes lesquelles cittés sont assizes sur la mer. Et y a dudict Tarante jusques a ladicte citté de Bar 150,000.

Et de la tirent a Barlete et par deça Bar; et dudict Barlete tirent a la ville de Montelerne (9) ou les gens parlent gascon

---

(1) Otrante.

(2) La ville d'Otrante fut prise en 1480 par Mahomet II.

(3) *Lecce.*

(4) Ce doit être *l'acito*, bien que ce petit village soit situé au nord-ouest de Brindes.

(5) Brindes ou *Brindisi*.

(6) *Monopoli*.

(7) *Barletta*. L'auteur de la relation commet une erreur évidente en citant *Barletta* avant *Bari*.

(8) *Bar*, c'est *Bari*, à 54 kilomètres de Barletta, sur l'Adriatique.

(9) D'autres anciens voyageurs ont-ils signalé cette particularité qui, intéressante pour tous les philologues, est surtout intéressante pour les philologues de Gascogne? — Voir ci-dessous, Appendice II, une note de M. Léonce Couture sur ce sujet.

audict lieu et aultres a l'environ; lesquelz se tienent separés de l'aultre nation du pais. Et tout ce pais est au pais de Poille (1), subject audict roy de Napples.

Et dudict Montelerne tirent a la citté de Benavente (2) qui est du pape, ou est le corps saint Barthelemy. Et y a dudict Bar jusques audict Benavente cent deux mil.

Et tirent de la a Saint-Germain qui est près de l'yssue du royaulme de Naples, ou les dessusdicts pellerins feurent arrestés et dettenus ung jour par les officiers dudict roy de Naples a grand despance: et firent venir aulcuns mauvais garsons a priser combien valoeint leurs chevaulx, et pour chascun ducat que valoict chascun cheval leur firent rançonner ung carlin par voie de faict les mauvaises gens, car les pouvres pellerins n'en avoeint pas besoing. Et vous assure que on trouve plus de mauvaise et traicte gent audict royaulme de Naples et de Poille qui soict au mounde et pire que les Mores et mescreans, nonobstant qu'en Itallie et Lombardie n'en y ayt gueres de bons, sellon le bruit comung (3).

Et partirent dudict Saint-Germain, ou a xij m. trouverent une tour a ung pont fermé au saillant dudict royaulme de Naples, ou encores les firent [rançonner] plus que s'en feussent bien passés, veu le voiaige qu'ilz avoeint faict et avoeint beaucoup despandu.

Et de la tirarent a Belmontene (4) et a Rome. Et y a dudict Beaumontene jusques a Rome cent doutze mille.

Et y arriverent le premier jour de decembre et y demurarent trois jours. Et le pappe (5) leur donna lisence et faculté de eslire confessur une fois en leur vie et en l'article de la mort de les absouldre de tous leurs pechés, et faculté de faire chanter messe ailleurs que a l'eglise, a leurs femmes, fraires et enfans pareilhement comme a eulx. Rome est grand citté et fort peuplée, mesmes

---

(1) La Pouille, l'ancienne *Apulie*.

(2) *Benevento*, Bénévent, à 55 kilomètres de Naples.

(3) Voilà qui est bien peu flatteur pour l'Italie en général et pour le pays de Naples en particulier. Il est vrai qu'il s'agit de l'Italie du xv⁰ siècle!

(4) *Valmontone*.

(5) Le pape alors régnant était Innocent VIII, qui avait été élu le 29 août 1484, et qui mourut le 25 juillet 1492.

des estrangers, a cause du siege appostolicque (1), comme est la sainte Veronique, le corps saint Pierre, saint Paul, saint Estienne, saint Sebastien, saint Laurenx et plusieurs autres corps saintz, et sept eglises principalles que en les visitant on gaigne remission de tous ses pechés.

Et partirent de Rome le iiij° jour de decembre et tirant a Vitabe (2) et a Capendete (3) et a la citté de Sene (4). Et y a de Rome jusques a ladicte citté cent et deux mille. Cene est seignorie par soy, et est assez bonne citté et grande, et y a une eglise laquelle s'appelle le dosme, qui est très belle eglise et toute faicte de marbre; et y a près de ladicte eglise ung hospital terriblement bien arranté (5) et le tienent a grand chose; mais me samble que cellui de Paris et de Beaune (6) est plus grand chose.

Et de Cene tirerent a la citté de Flourance (7), ou y a trente mille. Ladicte citté de Flourance est seignorie par soy, et est très belle citté et riche, et aultant que l'on en ayt veue; et y a ung image de Nostre Dame que l'on noume la Nunciade que faict grandz miracles et merveilheus.

De ladicte citté de Flourance tirerent a la citté de Boulouigne (8), ou a cinquante mil. Et les mille de Rome jusques audict Boulouigne sont près sy grandes que les lieues de France. Et y a de Flourance jusques audict Boulouigne le plus faulx et traicte chemin que on aie trouvé. Ledict Boullouigne est grande citté et seignorie par soy, ou se tient l'une des grandz univercités qui soict en Italie; et y a ung beau couvent de Jacopins obser-

---

(1) Il manque ici quelques mots, comme *et des reliques, dévotions et pèlerinages célèbres.*

(2) Viterbe, au pied du mont *Cimino*, à 85 kilomètres de Rome.

(3) *Acquapendente.*

(4) Sienne. *Sene* était encore usité au XVI° siècle; c'est la forme employée par Calvin (*Œuvres françoises*, édit. P. JACOB. Paris, Gosselin, 1842, in-18, p. 148).

(5) Ce *terriblement bien arranté* fait sourire.

(6) L'hôpital de Beaune, fondé un peu avant le milieu du XV° siècle (1443), ne tarda pas à jouir d'une immense renommée. On sait que ce remarquable monument est si bien conservé que, selon le mot spirituel d'un grand archéologue, Viollet-le-Duc, il donnerait envie de tomber malade à Beaune.

(7) *Florence*, dont le narrateur va d'un seul mot faire un éloge si complet et si digne d'une des plus belles villes du monde.

(8) *Bologne*, à 300 kilomètres de Rome.

vance, ou est le corps de monsieur saint Dominique, qui est une
devote chose.

Dudict Boulouigne tirerent a la citté de Mode (1), qui est
l'entrée de Lombardie, et est du marquis de Ferare ; ou font grand
rançonnement sur les passans, tant sur les nobles, prebstres que
autres, et aussi font par tout le pais de Lombardie, qui est chose
infame, que la plus part des rentes que ledict marquis de Ferare,
de Montferrat, de Mante et duc de Millau est de ce qu'ilz fount
rançonner ceux qui passent par le pais.

Et de Mode tirerent a la citté de Rage (2), et a la citté de
Palerne (3), et a la citté de Plaisance (4), tout au duc de Millan.
Et y a de Boulouigne jusques audict Plaisance cent et cinq mille.

Et de la tirerent a Castego (5), et a la citté de Tortour (6).
Et dudict Plaisance a Tortoure a xvij m.

Et de Tortour tirerent a la citté d'Alexandrie et a Villeneufve
et au Taurin (7). Et y a dudict Tourtour jusques a Taurin deus
cens mille.

Et de Tortour (8) tirerent a Vallence et a Suse. Et y a dudict
Taurin jusques a Suse, ainsin que dessus est dict.

Et de Suse prindrent le chemin vers Avignon et tirerent a
Horte (9) qui est l'entrée du Daulphiné, Et le landemain qu'estoict le jour saint Thomas (10) passerent la montaigne et port de
mont Ginebre (11) qui est grande mountaigne, mais il n'y avoict
gueres neiges a cause du beau temps quy faisoict, mais y avoict

---

(1) C'est *Modène*, à 158 kilomètres de Milan.

(2) C'est *Reggio*, à 23 kilomètres de Modène.

(3) Ce doit être Parme.

(4) *Plaisance*, près de la rive droite du Pô, à 53 kilomètres de Parme.

(5) *Casteggio*, à 10 kilomètres de Voghera, est une station du chemin de fer
d'Alexandrie à Plaisance. Écrivant ces notes dans la province natale du maré-
chal Lannes, il me sera sans doute permis de rappeler que près de Casteggio
s'étend le champ de bataille de Montebello.

(6) *Tortone*, à 20 kilomètres d'Alexandrie, sur la Scrivia.

(7) *Alexandrie*, sur le Tanaro, est à 10 kilomètres de Turin, le *Taurin* du
narrateur, *Augusta Taurinorum.*

(8) *Sic* pour Turin.

(9) Et non *Hoste*, comme on l'avait lu d'abord. Voir sur ce nom de lieu
la note de M. Brun-Durand, à la page suivante.

(10) 21 décembre.

(11) Le mont Genèvre.

grandes gelles que a grand peyne les chevaulx se pouvoeint tenir.

Passé que eurent la montaigne, vindrent a la citté de Briansson (1) et a Saint Crespin (2) et a la citté d'Anbres (3), Balsas et Belpona (4). Et le landemain qui estoict la veelhe de Noel passarent le col de la Perche, ou a une mountaigne qui a une lieue de mountée et une autre de descendue; et y avoict beaucoup de neige et tousiours en peril.

Et passé que eurent ladicte mountaigne, allerent a Breys (5), qui est près de la saillie du Daulphiné, la ou ilz tindrent le jour

---

(1) *Briançon*, chef-lieu d'arrondissement des Hautes-Alpes, sur la rive droite de la Durance.

(2) *Saint-Crépin*, commune des Hautes-Alpes, arrondissement d'Embrun, à 22 kilomètres de cette ville, sur la rive gauche de la Durance.

(3) *Embrun*, à 40 kilomètres de Gap.

(4) Ces noms me déconcertent tout à fait. Aussi me saura-t-on gré d'insérer ici un fragment de lettre de M. Brun-Durand, un des meilleurs érudits du Dauphiné, à qui j'avais soumis les questions géographiques soulevées par les dernières pages de mon texte.

« Dans le manuscrit de Ph. de Montaut, comme du reste dans presque tous
« les mss. de ce genre, les noms propres sont défigurés. On reconnaît parfaite-
« ment la route suivie par le pèlerin, qui est celle dite du mont Genèvre. La
« plupart des noms cités n'ont pas d'équivalents sur cette route. Ainsi *Hoste*
« ne peut pas être *Aoste* qui est infiniment plus au nord et dans la vallée de la
« Doire Baltée, tandis que Suze est dans la vallée de la Doire Ripaire. *Hoste*
« est *Oulx (Ocellum)*, station importante de l'ancienne voie romaine de Turin
« à Valence par *Gap* et *Embrun*. D'Oulx on allait au mont Genèvre ; de là
« à *Briançon*, à *Saint-Crespin*, à *Embrun* (l'*Anbres* de votre voyageur, que l'on
« écrivait autrefois *Ambrun*). D'*Embrun* l'on allait à *Gap*, *Vapincum*, qui pour-
« rait bien être le *Balsas* de votre voyageur, ce dont je doute cependant, parce
« que Voisins n'aurait pas manqué de l'appeler *cité*. Un peu au-dessous d'Em-
« brun notre pèlerin dut abandonner la route qui remontait au nord pour
« suivre les bords de la Durance et aller ainsi à *Tallard* qui serait en ce cas
« le *Balsas* de votre itinéraire. Rejoignant ensuite l'ancienne voie romaine,
« il passa au *Monêtier-Allemont* et à *Upais (Upesio)* qui sont évidemment
« l'un ou l'autre votre *Belpona*, et là, abandonnant l'ancienne voie romaine et
« la vallée de la Durance pour prendre la *corde de l'arc*, il pénètre dans la
« vallée de l'Ennuie, traverse le massif qui sépare cette vallée de celle de
« l'Ouvèze et tombe au Buis qui est votre *Breys*. Du Buis en suivant l'Ouvèze
« on va à Avignon. Seulement votre voyageur allait bien vite si ses données
« sont exactes. »

(5) D'après M. Brun-Durand (voir la note précédente), Le Buis, chef-lieu de canton de l'arrondissement de Nyons (Drôme). Un autre de mes correspondants me fait observer qu'il y a une commune de Bruis dans le département des Hautes-Alpes, de l'autre côté du contrefort traversé par le seigneur de Montaut.

de Noel. Le landemain de Noel allerent a la citté d'Avignon. Et y a dudict Suse jusques Avignon xlvj lieues, mais ce sont des grandes que l'on treuve.

Et partirent dudict Avignon le secund jour après Noel (1) en tirant a la citté de Nysmes et a la ville de Montpellée, et a la citté de Besiers; et de la au lieu de Confolens près la citté de Carcassonne, ou est l'une des maisons dudict mesire Philipe de Voisins. Et ne fault pas dire ne demander s'il y feust a grand joie et plaisir, veu que c'estoict la fin de son voiaige (2). Et y a dudict Avignon jusques audict Confollens 38 lieues.

Ce finist le viatge et pelerinaige faict par ledict mesire Philipes de Voisins, sieur de Montault et de Confollens. La rellation de noble Jehan de Belesta, escuier, sieur de la Binele, estant au voiaige a son service.

(1) Le voyage, commencé le X avril, avait donc duré près de neuf mois. Le voyage du seigneur de Caumont dura un peu plus longtemps, un an, un mois et quinze jours, comme il le marque lui-même (p. 136). Quant au voyage du seigneur d'Anglure, il avait, au contraire, duré moins d'un an, du 16 juillet 1395 au 22 juin 1396.

(2) Il y aurait bien des rapprochements à faire entre cette phrase et divers passages où, soit en prose, soit en vers, soit dans l'antiquité, soit dans les temps modernes, on a célébré le bonheur du retour. Il faudrait commencer par citer les vers du chant XIII de l'*Odyssée* qui nous montrent « le divin Ulysse goûtant « une douce joie, à la pensée de revoir la terre paternelle », et finir par citer cette parole d'un grand voyageur, J.-J. Ampère : « Le jour où l'on part pour « aller aux extrémités de la terre est un beau jour, mais il y en a un plus beau « encore, c'est celui où l'on en revient », parole que je rappelais un jour, en rendant compte des *Seize mille lieues à travers l'Asie et l'Océanie*, de notre compatriote le comte Henri Russel-Killough, et à propos de l'émotion avec laquelle, comme le pigeon voyageur de La Fontaine s'attendrissant à la vue de son paisible nid retrouvé, il salue ce sol sacré que l'on appelle le sol natal. Laissant de côté mille réminiscences qui feraient de cette note une note interminable, je mettrai seulement en regard du cri de joie, qui retentit dans la dernière phrase de notre narration, cet autre cri de joie poussé par Nompar de Caumont regagnant son gîte (p. 84) : « Le xxe jour du mois de septembre, « je me mys en mer pour m'en revenir au bon pays de Guasconhe en ma « terre ». Souhaitons, en finissant, à tous ceux de nos lecteurs qui auront quitté ou quitteront le toujours *bon pays de Guasconhe*, que l'on ne saurait aimer à demi, de le revoir pour l'aimer de plus en plus.

FIN DU VOYAGE A JÉRUSALEM.

APPENDICES

I

MALCUS

EN VIE ENSEPVELY JUSQUES AU NOMBRIL (1).

Il vient a proppos d'incerer icy une coppie de lettre quy m'a esté donnée par ung des serviteurs de monseigneur l'archevesque d'Aux. On n'assure poinct le contenu d'icelle s'il est vray ou non (2). Il ne me l'a pas aussy assuré. Elle est de telle tenur :

Je, fraire Dominique Dauterlin, confesse avoir veu, et s'il est veritable sur la foy chrestienne, ce que s'ensuit. Moy estant en la sainte citté de Jherusalem, l'an de grace 1547 et le jour de Nostre Dame d'aoust, a ung heure après midy, moy estant en la maison de Pillate, au lieu de Galbata (3) et plus principal lieu de Jherusalem, je rancontray ung certain qui avoict renuncé a la foy chrestiene qui estoict enfant de mayson nommé Jehan Marbout et maintenant est nommé Salfan, lequel, voyant que je cognoissois sa femme et ses enfantz, me dict : « Viença, pour

---

(1) Ce morceau, de soixante ans plus moderne que le voyage de Philippe de Voisins, a été transcrit à la suite dans le recueil du notaire Asclafer, à qui appartiennent les quatre lignes de préface imprimées ici en italiques. Il est assez curieux pour avoir place également dans la première édition du voyage.

(2) Est-ce en effet ce qu'on nomme de nos jours un canard? On aimera mieux y voir peut-être la relation très sincère d'un témoin abusé par un chevalier d'industrie qui jouait à son bénéfice ce singulier rôle de *Malchus en vie.*

(3) *Sic* pour *Gabbata.*

autant que tu ez de nostre pais, je te veulx mounstrer ung secret,
lequel tu ne revelleras a aulcun sarrasin ny a aultre sinon a ceulx
qui sont chrestiens ; mene avec toy des plus gens de bien de ta
compaignie, et vous mounstreray chose qu'il y a 400 ans que
aulcun chrestien ne l'a veu. » Et a l'heure, j'appellay le reverend
pere en Dieu monseigneur l'evesque de Nombrege et Zezert (1)
et aultres personnaiges comptes et vicontes et huict chevaliers ;
et jurames chascun de nous que tant que nous serions en la sainte
cité de Jherusalem, ne seroict revellé a personne, comme dict est.

Enfin, faict le serement susdict, entrames en la maison dudict
Pillate par une petite rue a main senestre, et nous monstra le
lieu nomé *aticum* (2) ou Nostre Seigneur Jhesucrit feust battu
et attaché, et audict lieu icellui ouvrit une porte de fer ou descen-
dimes en bas a plains degrés, et entrames en une grande grotte
sy longue que ung homme de deux traictz de boulles ne feust
allé tour a tour a l'aultre ; et la nous ouvrit une aultre porte
de fer la ou il y avoict une aultre porte de fer. La dedans il
y avoict ung petit passaige d'une cana de profound, auquel trou-
vames *Malcus*, lequel frappa Nostre Seigneur sur la joue luy
donnant ung grand soufflet en lui disant : « *Sic respondes pontifici* » (3). Lequel Malcus est ung rousseau (4) long de visaige,

(1) Noms trop altérés pour qu'il soit possible de les ramener à la vraie leçon.
(2) *Sic* pour *atrium*.
(3) Ces paroles sont tirées de l'Évangile selon saint Jean (xviii, 22). Mais
rien dans le récit évangélique ne porte à identifier le personnage qui souffleta
Jésus-Christ en prononçant ces mots avec celui dont saint Pierre avait coupé
l'oreille droite le soir précédent (Joann., xviii, 10 ; Luc, xxii, 50). Ce dernier
est nommé Malchus par saint Jean, l'un des deux évangélistes qui citent le
fait ; quant au serviteur du grand-prétre blessé par saint Pierre et guéri par
Jésus-Christ, il n'est pas nommé. Mais une tradition très populaire confondit
d'assez bonne heure ces deux personnages. Au xiie siècle l'abbé Rupert (*Com-
ment. in ... in.,* l. xiii) la suivait sans ombre de doute, et de nos jours le
P. Ventura (*Conférences sur la Passion,* ix) la donne encore comme certaine,
quoique dom Calmet (*Dictionn. de la Bible,* art. *Malchus*) eût fait observer avec
raison que « l'Écriture n'est nullement favorable à ce sentiment ». J'emprunte
ces indications à l'abbé Chassay (*Jésus, sauveur du monde,* Paris, Vivès, 1854,
t. ii, p. 115).
(4) C'est une ressemblance de Malchus avec Judas. « [Le] poil roux de
« Judas, dit M. Léonce Couture (*Revue de Gascogne,* t. xxiii, p. 446), est depuis
« longtemps, dans toute l'Europe, un dicton souvent répété. Shakespeare y fait
« allusion (*As you like it,* acte iii, sc. iv), et le savant curé Thiers, dans son

grande et longue barbe, de l'enige de 35 ou 40 ans, et est vestu de blanc et sa robe faite a l'egeuille; lequel est dans terre jusques au nombril, lequel ne parle sinon ausdicts chrestiens. Et ledict seigneur evesque luy demanda qu'il faisoict la, qui luy respondict : « *Sic respondes pontifici* », et plusieurs autres parolles qui serocint longues a escripre; et dict aussy audict evesque qui il estoict, d'ou il estoict, et noma ung chascun de nous par nostre nom, et nous dict la parantelle d'ou nous estions, et parla bon allemant, latin, françois et toutes aultres langues, sellon les gens de leur pais; et puis nous demanda quand sera le jour du jugement; et nous luy respondimes que c'estoict a sçavoir a Dieu.

Et puis nous partimes de la par une aultre porte de ladicte grotte et par plains degrés en mountant, entrames dans le grand tample de Salamon et puis nous en retournames par ou nous estions venus. Et ledict Malcus frappa et batit par trois fois sa poictrine de sa main, et ne regardoict point ceulx la qui luy parloeint. C'est chose fort espouvantable a la veoir et une des choses merveilheuses de Jherusalem. Et plus cella affirme estre vray sur ma foy, loy et ma part de paradis.

Faict a Bagoulz (1) par moy fraire Dominique Dauterlin, fraire mineur et bachelier en sainte theologie, et le jure. Du couvent dudict lieu, 1550 et le 3ᵉ de mars.

« *Histoire des perruques* (ch. 11), assure que les *rousseaux* furent des premiers,
« sous Louis XIII, à se parer de faux cheveux, pour cacher les leurs, *qui sont en*
« *horreur à tout le monde, parce que Judas, à ce qu'on prétend, étoit rousseau,*
« *et qu'ordinairement ceux qui le sont sentent le gousset.* »
(1) Peut-être Banyuls (Pyrénées-Orientales).

II

DE LA VILLE DE L'ITALIE MÉRIDIONALE
« OU LES GENS PARLENT GASCON ».

Mon excellent ami M. Ph. Tamizey de Larroque n'a pas craint
d'annoncer en mon nom une note sur ce curieux passage de la
relation de Jean de Belesta : « Et dudict Barlete tirent à la ville
« de Montelerne où les gens parlent gascon audict lieu et aultres
« à l'environ, lesquels se tienent sepparés de l'autre nation du
« païs » (ci-dessus, p. 40). C'était m'engager au-delà de mon
pouvoir. Car je n'ai trouvé que dans le *Voyage à Jérusalem* du
seigneur de Montaut la mention de ce fait si curieux, et toutes
les recherches sur ce point que j'ai faites depuis dans les livres
ont été infructueuses. Heureusement l'éditeur du *Voyage* m'a lui-
même encouragé à consulter un de ses amis, M. P. de Nolhac,
membre de l'École de Rome, jeune érudit dont le nom est déjà bien
connu de tous ceux qui s'occupent de notre grand XVIe siècle.
D'autre part, un très savant romaniste, M. Antoine Thomas,
professeur à la Faculté des lettres de Toulouse, après m'avoir
déclaré qu'il n'avait pas les données nécessaires pour la solution
du problème, m'a permis de m'autoriser de son nom auprès de
M. E. Monaci, l'éminent directeur de la *Rivista di filologia romanza*
de Rome, mieux placé que personne, ce semble, pour éclairer
les questions relatives aux langues et dialectes de l'Italie.

J'ai donc envoyé à Rome, à l'adresse de ces deux savants, les
deux questions suivantes : 1° Quel est le vrai nom du lieu désigné
par J. de Belesta comme une colonie gasconne, supposé (ce qui
paraît tout à fait certain) que *Montelerne* soit un nom altéré ? —
2° Parle-t-on encore, en ce lieu ou aux environs, un dialecte roman
du domaine provençal (1), et précisément gascon ?

---

(1) Le mot *provençal* est pris, dans toute cette note, au sens que lui donnent
communément les linguistes contemporains qui l'appliquent à la langue du
midi de la France, à la langue d'*oc*, dans tous ses dialectes, sans aucun rapport
spécial à la Provence.

M. P. de Nolhac, dont l'affectueuse réponse (25 juin 1883) m'est arrivée la première, ignore si l'on parle encore « plus ou moins gascon » dans un coin quelconque des Apennins. Mais s'il ne peut satisfaire à ma question linguistique, il fournit sur la question géographique une solution que je crois sûre ou du moins infiniment probable. « Faute de mieux, m'écrit-il, ce que « je puis vous apporter, c'est l'identification, certaine à mes yeux, « du nom de lieu dont parle l'auteur de votre relation. C'est « *Monteleone di Puglia*, aujourd'hui petite ville de 4,000 habitants « dans la province d'Avellino, qui se trouve en effet sur le chemin « de Barletta à Rome. *Montelerne* ne répond à rien. Je ne sais « s'il reste des gascons à Monteleone, mais il y a des Montéléon « près de la Gascogne, en Auvergne, établis là à coup sûr depuis « longtemps ; mais je m'aperçois que ce dernier renseignement « est peu utile, etc... »

M. E. Monaci, dans une lettre qui est bien d'un maître en linguistique italienne, n'a pas voulu identifier le *Montelerne* du seigneur de Montaut. Il s'approche beaucoup de cette identification, déjà donnée par M. de Nolhac, mais il n'a pas essayé de s'écarter de la voie antique de Barletta à Rome, que sans doute notre voyageur du xv° siècle n'a pas exactement suivie. Sur la question des « gens qui parlent gascon » dans l'Italie méridionale, quoiqu'il n'ait pas encore de renseignements positifs, M. Monaci nous fournit des indications précieuses ; de plus, il s'occupe de faire faire des recherches sur ce qu'il nomme lui-même un *problème curieux*, une *étude intéressante*.

Une « colonie gasconne » au midi de l'Italie est parfaitement possible, au jugement de ce maître. Ce qui est certain, comme il nous l'atteste, c'est qu'il y a dans ce pays des colonies provençales, des lieux où l'on parle encore un provençal plus ou moins conservé, plus ou moins altéré. Là-dessus, on me permettra une seule remarque.

Le langage que Jehan de Belesta nomme *gascon* pouvait être du vrai gascon ; mais il est possible, probable même, que c'était simplement du provençal, ce qui laisse entièrement indécise, jusqu'à plus ample informé, la question du dialecte. En effet *gascon* était, du temps de notre écrivain et longtemps encore après, le

nom commun de tous les patois du midi de la France. « Nos
« deux langages principaux sont le françois celtique et le gas-
« con », dit le lectourois Pierre de Garros dans la préface de
ses *Poesias gasconas* (1567). Et il continue ainsi au sujet de ce
dernier : « Il y a quelque diversité de langage, terminaisons de
« mots et pronuntiation, entre ceulx d'Agenois, Quercy, autres
« peuples de deça et nous : non pas tels que nous n'entendions
« l'un l'autre : aussi nostre langage par un mot general est appelé
« gascou » (1). La généralité de cet usage est incontestable, en
effet, même pour une époque assez rapprochée de nous. Nul
bibliophile n'ignore que l'on a réuni sous le nom de *poètes gascons*
Michel de Nimes, David Lesage de Montpellier et Goudelin de
Toulouse (2).

Il ne me reste qu'à remercier vivement, au nom de la *Société
historique de Gascogne*, nos deux correspondants de Rome de
leurs doctes et bienveillantes communications, et à publier la
lettre de M. Monaci, qui sera lue avec intérêt par tous les amis
des études romanes :

L. C.

Roma, 26 ao. 83.

Pregiatissimo Signore !

Il Montelerne *del De Montaut potrebbe corrispondere a un
italiano* Montelerno (*cf. nella toponomastica italiana* Amiterno,
Moliterno, Piperno, &c); *ma esso non si trova fra i nomi di luogo
dell' Italia meridionale. Ho pensato ad uno sbaglio di scrittura, e il*
Montelerne *di un ms. del secolo XV potrebbe, paleograficamente,
essere riportato a un* Monteleone. *Di Monteleoni nell' Italia meridionale ce ne sono diversi, e più ancora ne ricorda la « Nuova descrittione del Regno di Napoli diviso in dodici provincie » (Napoli,
1629). Ma nessuno di essi trovasi sulla via antica che da Barletta*

---

(1) *Poesias gasconas de Pey de Garros Laytorès.* A Tolosa, par Jammes
Colomes, 1567. Très petit in-4°, sans pagination.
(2) *Choix de poètes gascons.* Amsterdam, Daniel, 1700. 2 vol. petit in-8°.

conduceva a Roma : la quale, se non erro, da Barletta giungeva a Foggia, e poi, traversando la Capitanata e il Principato Ulteriore, si dirigeva a Roma passando per Napoli. Del resto il problema è complesso, e non si tratta soltanto di trovare in questa linea un Monteleone, ma anche un Monteleone ove si parlasse guascone. Nell'Italia meridionale vi son molte colonie, e nella Capitanata stessa, che dovette traversare, verosimilmente, il De Montaut, anche oggi a Celle (o Colle?) S. Vito si parla un dialetto che là chiamano « Provenzale » (*Vd.* PAPANTI, I parlari italiani a Certaldo, *Livorno, Vigo,* 1875). *Accanto a questo paese ove parlano « provenzale » è ben possibile che si trovasse la colonia guascona del* sig^r *de Montaut. Ma fin ad ora non m'è riuscito di appurarlo. In questi giorni ho parlato con un giovane, distinto cultore della filologia neolatina, il quale è nativo della Capitanata. Egli ora ritorna in patria e mi ha promesso di fare ogni possibile ricerca per chiarire questo curioso problema. Se avrò lettera da lui, non mancherò di comunicarla subito alla S. V.; intanto la ringrazio di avermi dato occasione a questa interessante indagine, e la prego di salutarmi tanto l'egregio sig^r Thomas e di credermi sempre*

Suo devotissimo

E. MONACI.

TABLE ALPHABÉTIQUE

C

D

E

FIN DE LA TABLE ALPHABÉTIQUE

AUCH. — IMPRIMERIE COCHARAUX FRÈRES, RUE DE LORRAINE. — 184.

www.ingramcontent.com/pod-product-compliance
Lightning Source LLC
LaVergne TN
LVHW022154080426
835511LV00008B/1384